Das Geheimnis inneren Friedens

Das Geheimnis inneren Friedens

Vorträge über Spiritualität von

Swami Ramakrishnananda Puri

Mata Amritanandamayi Center, San Ramon
Kalifornien, Vereinigte Staaten

Das Geheimnis inneren Friedens
Vorträge über Spiritualität von Swami Ramakrishnananda Puri

Herausgegeben von:
Mata Amritanandamayi Center
P.O. Box 613
San Ramon, CA 94583
Vereinigte Staaten

—————————— *Secret of Inner Peace - German* ——————

Erstausgabe vom MA Center: September 2016

In Deutschland: www.amma.de

In der Schweiz: www.amma-schweiz.ch

In Indien:
inform@amritapuri.org
www.amritapuri.org

Widmung

Amma, mein Leben ist nun nicht mehr leer.
Von tiefem Frieden bin ich erfüllt.
Die Gewissheit, dass sich die Spuren Deiner heiligen
Lotosfüße tief in meinem Herzen eingeprägt haben,
lässt Tränen der Freude in meine Augen steigen.

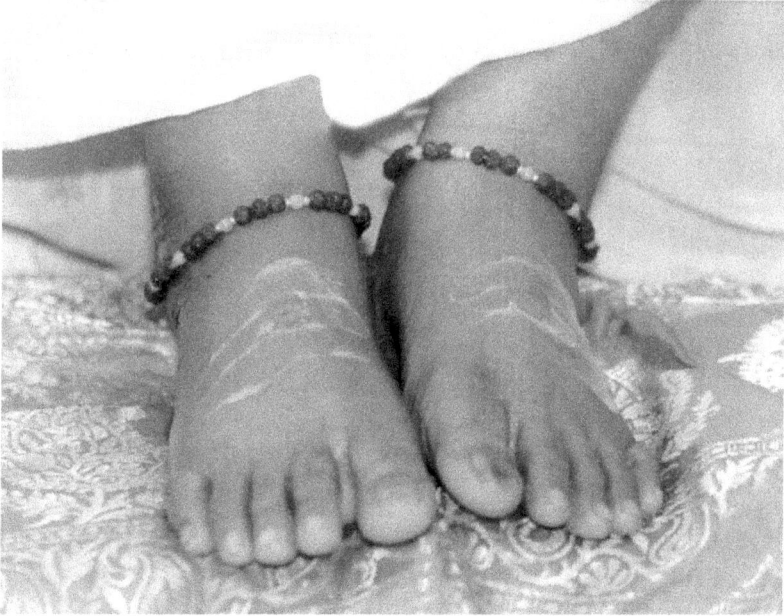

In Demut bringe ich dieses Buch
den Lotosfüßen meines geliebten Sadguru,
Śrī Mātā Amritānandamayi, dar.

Inhalt

Vorwort

Als ich im letzten Jahr „Gesegnetes Leben" zu schreiben begann, hatte es den Anschein, als stünde mir eine Menge Zeit zur Verfügung, das Buch an dem von mir beabsichtigten Termin, dem 53. Geburtstag Ammas, herauszubringen. Dann aber kamen mir ein paar Dinge dazwischen. Zunächst hatte ich mehrere Tsunami-Hilfsprojekte in Tamil Nadu und Sri Lanka zu besuchen. Außerdem musste ich an einigen von Ammas Schulen und Colleges an verschiedenen Orten Südindiens Programme abhalten. Zu guter Letzt wurde ich noch beauftragt, mich auf eine ausgedehnte Südamerika-Reise zu begeben. Wenige Tage vor meiner Abreise sagte ich Amma, dass ich wahrscheinlich nicht in der Lage sein würde, das Buch fertigzustellen, worauf sie lakonisch antwortete: „Mach Dir keine Sorgen."

Als ich dies hörte, dachte ich, sie meinte vielleicht, ich solle mir keine Sorgen machen wegen der fristgerechten Fertigstellung des Buches. Gleichzeitig wurde mir aber klar, dass es auch bedeuten könnte, dass ich mich nicht sorgen solle, weil Amma mir helfen würde, mein Ziel zu erreichen. Optimistisch entschied ich mich dafür, die zweite Interpretation als die richtige zu akzeptieren. Ich erzählte dies einem *brahmacāri*, der mir dabei half, das Buch zu edieren. Er sagte: „*Swamiji*, wenn Sie einen Artikel zu schreiben hätten, würde ich Ihnen zustimmen. Doch da es sich hierbei schließlich um ein Buch handelt, sollten Sie doch eher die erste Interpretationsmöglichkeit in Betracht ziehen und sich nicht darum sorgen, das Buch nun unbedingt fertig stellen zu müssen – so kön-nen Sie sich in Ruhe auf Ihre anderen Aufgaben konzentrieren." Jedenfalls war ich durch Ammas Gnade doch noch in der Lage, das Buch tatsächlich in der letzten Nacht, bevor ich nach Südamerika abreiste, zu beenden. Als ich die letzten Sätze des Buches niederschrieb, kamen mir die folgenden Verse aus dem *Gīta Dhyānam* in den Sinn:

Mūkaṁ karoti vācālaṁ
paṅguṁ laṅghataye giriṁ
yat kṛpā tamahaṁ vande
paramānandamādhavaṁ.

„Ich grüße jenen Mādhava von höchster Wonne, dessen Gnade aus den Stummen prächtige Redner macht und Lahme Berge ersteigen lässt."

Heute denke ich, dass diese Worte sehr gut zu den Umständen passen, die das Schreiben des vorliegenden Buches begleiteten. Auch hier standen ähnliche zeitliche Beschränkungen und, mehr noch, offensichtliche Hindernisse der Vollendung im Weg. Dass Sie es nun dennoch in Ihren Händen halten, ist allein Ammas Gnade zu verdanken, deren reines Instrument zu werden immer mein Bestreben gewesen ist.

Swami Ramakrishnananda Puri
Amritapuri, 27. September 2006

Einführung

Einst hörte ein Mann mit an, wie ein bekannter Radiosprecher folgenden Spruch verkündete: „Inneren Frieden erreicht man dadurch, dass man all die Dinge vollendet, die man angefangen hat, ohne sie zu Ende zu bringen." Indem er sich diese Worte zu Herzen nahm, sah er sich in seinem Haus um, um all das in Augenschein zu nehmen, was er angefangen hatte, ohne es zu beenden. Er leerte eine angebrochene Champagnerflasche, einen Sechserpack Bier, dann machte er sich an eine Schachtel Schokoladenplätzchen, an die verbliebenen drei Viertel eines Blaubeer-Käsekuchens und an eine Schachtel mit Gourmet-Pralinen. In der Annahme, eine überaus wichtige Entdeckung gemacht zu haben, rief er seine Freunde an, um ihnen von seiner brillanten neuen Idee zu berichten. Auf dem Weg zum Telefon jedoch verlor er das Bewusstsein. Als er wieder zu sich kam, blickte er direkt in die grellen Lampen einer Intensivstation. In ähnlicher Weise mögen auch wir auf dem Weg zu innerem Frieden manche fehlerhaften Neuanfänge und falsche Umkehrversuche unternommen haben. Wenn wir wirklich inneren Frieden suchen, sollten wir uns am Leben und an der Botschaft derjenigen orientieren, die ihn bereits gefunden haben.

Wir leben in derselben Welt wie die spirituellen Meister und haben uns mit den gleichen Schwierigkeiten auseinanderzusetzen, doch sie sind friedvoll; ihr Dasein ist erfüllt, während wir im Zustand der Ruhelosigkeit und Unzufriedenheit verharren. Amma wurde einmal von einem erfolgreichen Wissenschaftler besucht. Als sie sich nach dem Wohlergehen seiner Familie erkundigte, brach er in Tränen aus. Er erklärte, sein Sohn habe auf der von ihm favorisierten Universität keine Aufnahme gefunden.

Der Wissenschaftler hatte daraufhin zahllose schlaflose Nächte verbracht, in welchen er über die Zukunft seines Sohnes nachgrübelte. Obwohl dieser Mann über einen gigantischen Intellekt verfügte, mangelte es ihm dennoch an der Fähigkeit, den Herausforderungen des Lebens mit Gleichmut zu begegnen.

Es dürfte manchem Leser schwerfallen, sich vorzustellen, dass Amma, als ich sie vor neunundzwanzig Jahren zum ersten Mal traf, außerhalb des eigenen Hauses lebte und unter freiem Himmel schlief; im Grunde führte sie das Leben einer Obdachlosen. Tatsächlich lebte sie damals schon viele Jahre auf diese Weise. Ein paar Jahre später, nachdem die erste Gruppe von *brahmacāris* (enthaltsam lebende Schüler) kam, um sich dort niederzulassen, wurde eine kleine Hütte gebaut. Zu jener Zeit hätte ich nie zu träumen gewagt, dass aus solch bescheidenen Anfängen heraus einmal eine derart riesige spirituelle und karitative Organisation erwachsen würde, die Abermillionen von Menschen überall in der Welt erreicht und auf vielfältige Weise einen positiven globalen Einfluss ausübt.

Manchmal fragen die Leute Amma: „Du hast in einer relativ kurzen Lebensspanne so viel erreicht. Wie denkst Du über all das, was Du geleistet hast?"

Amma antwortet darauf: „Ich empfinde überhaupt nichts dabei. Die Welt mag mich loben oder kritisieren. Weder das eine noch das andere berührt mich. Ich bin nicht aus auf Wertschätzung oder Anerkennung. Ich habe mich bereits der Welt dargebracht und werde fortfahren, ihr auf jede mögliche Weise zu dienen – bis zu meinem letzten Atemzug."

Amma war damals erfüllt von Frieden, als sie weder ein Dach über dem Kopf noch einen Freund in der Welt hatte – und sie ist es auch heute, da sie zu den am meisten anerkannten und respektierten spirituellen und charismatischen Führungspersönlichkeiten der Welt gehört. Sie sagt, dass spirituelle Verwirklichung in der

Fähigkeit besteht, in allen Lebenslagen Gleichmut zu bewahren, d.h. niemals den inneren Frieden zu verlieren, der unsere eigentliche Natur und unser wahres Zuhause ist.

Ein Fisch, der auf dem Trockenen zappelt, weiß oder glaubt vielleicht nicht, dass sich das Wasser in seiner Reichweite befindet; deshalb leidet er. Auch wir sind zum Leiden verurteilt, solange wir uns der Tatsache nicht bewusst sind, dass sich die Quelle allen Friedens und aller Erfüllung in uns selbst befindet.

Ein Mann fiel einmal aus dem Fenster des zweiten Stocks. Umringt von einer Menschenmenge lag er auf dem Boden, als ein Polizist zu ihm trat und ihn fragte: „Was ist passiert?"

„Ich weiß nicht", antwortete der Mann, „ich bin einfach irgendwie hier hergekommen."

Wir lachen vielleicht über die Torheit jenes Mannes, aber unsere Lage ist nicht viel anders. Was wissen wir schon darüber, wie wir hierher gekommen sind, woher wir stammen und wohin wir gehen? Haben wir wirklich eine Ahnung, wer wir selbst sind? Unsere eigene Dummheit anzuerkennen ist der erste Schritt hin zur Weisheit – insofern, dass es uns aufnahmefähig macht für die Anleitung eines wahren spirituellen Meisters.

Durch die Gnade, die Führung und das Beispiel seines[1] eigenen Lebens führt er uns zur Erkenntnis, dass wir in Wahrheit keine Wellen sind, dazu bestimmt, hilflos am Ufer zu stranden und für immer zu verschwinden. Vielmehr sind wir der Ozean

---

[1] Um stilistische Unbeholfenheit zu vermeiden und im Einklang mit dem konventionellen Wortgebrauch werden in diesem Buch hauptsächlich maskuline Pronomina (er, ihn, ihm etc.) verwendet, wenn von Gott oder göttlichen Persönlichkeiten die Rede ist. Es bedarf keiner weiteren Erwähnung, dass Gott selbstverständlich weder weiblich noch männlich ist und alle geschlechtlichen Bestimmungen transzendiert. In anderen Fällen, wenn das Geschlecht nicht eindeutig aus dem Zusammenhang hervorgeht, wird (auch im Falle eines *guru*) das Maskulinum im geschlechtsübergreifenden Sinn verwendet.

selbst. Wir s i n d die höchste Seligkeit und der immerwährende Friede, nach welchen wir die ganze Zeit suchen, denn dies ist das Wesen unseres eigentlichen Selbst, des alldurchdringenden Bewusstseins: des *Ātman*.

Niemals hat es einen geduldigeren, liebevolleren und zugänglicheren spirituellen Führer gegeben als Amma, die diese Wahrheit durch jedes Wort, jede Handlung und jeden Atemzug unter Beweis stellt. Indem wir auf ihr Leben blicken, können wir lernen, wie wir das Beste aus unserem eigenen Dasein machen: wir können das Geheimnis inneren Friedens erfahren.

❀

Ammas Leben in ihren eigenen Worten

„Solange in diesen Händen genug Kraft steckt, sie denjenigen entgegenzustrecken, die zu ihr kommen, sie auf die Schulter eines Weinenden zu legen, wird Amma damit fortfahren... Menschen zu liebkosen, sie zu trösten und ihre Tränen fortzuwischen bis zum Ende dieser sterblichen Hülle – das ist Ammas Wunsch."

Amma, geboren in einem abgelegenen Küstendorf im südindischen Kerala, sagt von sich selbst, dass sie schon immer um eine höhere Wirklichkeit jenseits der veränderlichen Namen und Formen wusste. Schon als Kind brachte sie jedermann Liebe und Mitgefühl entgegen. In ihren eigenen Worten: „Ein ununterbrochener Strom von Liebe fließt von Amma zu allen Lebewesen in diesem Kosmos. Es ist ihre angeborene Natur."

Über ihre frühen Jahre sagt sie: „Seit ihrer Kindheit fragte sich Amma, warum die Menschen dieser Welt leiden müssen. Warum müssen sie arm sein? Warum hungern? So sind etwa die Menschen der Region, in welcher Amma aufwuchs, Fischerleute. Manchmal fahren sie zum Fischen hinaus, fangen aber überhaupt nichts. Aus diesem Grund gibt es Zeiten, in denen sie ohne Nahrung auskommen müssen, manchmal für mehrere Tage. Amma kam diesen Dorfbewohnern sehr nahe und hatte viele Gelegenheiten, durch Beobachtung ihres Lebens und ihrer Schwierigkeiten etwas über die Natur der Welt zu lernen.

Amma erledigte alle Aufgaben im Haushalt. Eine davon bestand darin, die vielen Kühe und Ziegen der Familie zu füttern. Daher musste sie täglich 30 bis 40, an manchen Tagen sogar 60

Häuser in der Nachbarschaft aufsuchen, um Tapiokaschalen und andere Essensreste zu sammeln. Wann immer sie diese Wohnungen aufsuchte, stellte sie fest, dass die Menschen leiden mussten, sei es aufgrund hohen Alters, sei es aufgrund von Armut oder Krankheit. Amma saß bei ihnen, hörte sich ihre Probleme an, nahm Anteil an ihrem Leid und betete für sie.

Wann immer sie Zeit fand, brachte sie diese Menschen zum Haus ihrer Eltern. Dort machte sie ihnen ein heißes Bad und fütterte sie, gelegentlich stahl sie auch Dinge aus dem eigenen Haus, um sie diesen hungernden Familien zu geben.

Amma fand heraus, dass Kinder, wenn sie jung und von ihnen abhängig sind, für ein langes Leben der Eltern beten. Sind diese Kinder aber zu Erwachsenen geworden, empfinden sie ihre Eltern, die nun alt sind, als eine Last. Sie denken: „Warum soll ich für sie all diese Arbeit machen?" Sie zu füttern, ihre Kleider zu waschen und sie zu umsorgen erscheint denselben Kindern, die früher für das lange Leben der Eltern beteten, nun als eine Bürde. Amma fragte sich immer: ‚Warum gibt es all diese Widersprüche in der Welt? Warum gibt es keine wirkliche Liebe? Was ist die wahre Ursache für all dieses Leid und worin besteht die Lösung?'"

Amma sagt: „Sofort kam von innen die Antwort, dass das Leid der Menschheit auf *karma-phala*, auf die Früchte der vergangenen Taten der Leute zurückzuführen ist. Doch damit war Amma nicht zufrieden. Sie dachte bei sich: ‚Wenn es ihr *karma* ist, zu leiden, ist es dann nicht dein *dharma*[1], ihnen zu helfen?' Wenn jemand in eine Grube fällt, ist es dann richtig, einfach vorbeizugehen und zu sagen: ‚Oh, es ist sein *karma*, auf diese Art zu leiden'? – Nein, es ist unsere Pflicht, ihm herauszuhelfen.

---

[1] *dharma* heißt im Sanskrit eigentlich: „das, was (die Schöpfung) aufrechterhält." Das Wort besitzt je nach Kontext verschiedenartige Bedeutungen. Hier bedeutet es „Pflicht".Weitere Bedeutungen sind „Eigenschaft", „universelles Gesetz", „Rechtschaffenheit", „Individualseele" oder „Harmonie".

Schon von früher Kindheit an wusste Amma, dass einzig Gott – das Selbst oder die Höchste Macht *(parāśakti)* – Wahrheit ist und dass die Welt keine absolute Realität besitzt. Daher verbrachte sie viel Zeit in tiefer meditativer Versenkung. Ammas Eltern und Verwandte verstanden nicht, was da vor sich ging. Aufgrund von Unwissenheit fingen sie an, sie zu beschimpfen und sich ihren spirituellen Übungen entgegenzustellen.

Amma jedoch lebte ganz in ihrer eigenen Welt und blieb von der Kritik und den Bestrafungen ihrer Familie völlig unberührt. Während dieser Zeit musste sie die Tage und Nächte draußen unter freiem Himmel verbringen und auf Nahrung und Schlaf verzichten. Es waren Vögel und andere Tiere, die sich nun um sie kümmerten, ihr etwas zu essen brachten und sie aus ihren tiefen Versenkungszuständen aufweckten.

Indem sie ihr Einssein mit der gesamten Schöpfung wahrnahm, erkannte Amma, dass ihre Aufgabe im Leben darin besteht, der gequälten Menschheit zu helfen. Damals begann sie ihre spirituelle Mission und verbreitet seither die Botschaft von Wahrheit, Liebe und Mitgefühl überall in der Welt, indem sie alle und jeden empfängt."

Bald wollten mehr und mehr Menschen Ammas bedingungslose Liebe und Mitgefühl erfahren und kamen aus allen Teilen der Welt in das früher verschlafene und völlig unbekannte Fischerdorf Parayakadavu. Es dauerte nicht lange, bis diejenigen, die zu Amma wollten, ein so genanntes „Darśan-Ticket" benötigten und in einer Schlange warten mussten.

Heute verbringt Amma die meiste Zeit des Jahres damit, die Welt innerhalb und außerhalb Indiens zu bereisen, um die leidende Menschheit durch ihre Worte und den Trost ihrer liebenden Umarmung aufzurichten. Ihr *aśram* ist das Zuhause für 3000 Menschen, abgesehen von tausenden täglichen Besuchern aus Indien und der ganzen Welt. Sowohl die Aśram-Bewohner als auch die Besucher werden durch Ammas Beispiel inspiriert und widmen sich dem Dienst an der Welt. Innerhalb von Ammas weitverbreitetem Netzwerk karitativer Projekte bauen sie Häuser für Obdachlose, zahlen armen Menschen Altersrenten aus und gewährleisten die ärztliche Versorgung von Kranken. Zahllose Menschen aus aller Welt tragen ihren Teil zu diesen liebevollen Anstrengungen bei. Erst kürzlich erfuhr Amma internationale Anerkennung dafür, dass sie in den USA 1 Million Dollar für den Bush-Clinton-Katrina-Hilfsfond spendete, sowie für die Tatsache, dass sie 23 Millionen Dollar für die Direkthilfe und Rehabilitation von Tsunamiopfern in Indien, Sri Lanka sowie den Andaman- und Nicobarinseln zur Verfügung stellte. Als ein Journalist sie fragte, wie sie das Geld für die Hilfe zusammenbekommen wolle, antwortete sie: „Meine Kinder sind meine Stärke." Sie bezog sich dabei nicht etwa nur auf die *brahmacāris,* *brahmacārinīs* und anderen Aśram-Bewohner, die täglich bis zu 15 Stunden arbeiten, ohne dafür eine Bezahlung zu erhalten und die ihr Leben ganz dem Ideal gewidmet haben, so vielen Menschen so schnell wie nur möglich zu helfen. Sie hatte auch die Millionen ihrer Devotees überall in der Welt im Sinn, über welche sie sagte: „Ich habe viele gute Kinder. Sie alle tun, was sie können." Sie beschrieb, wie bereits manche kleinen Kinder Puppen oder Statuen herstellen, die sie dann verkaufen, um den Erlös ihrer geliebten Amma zu spenden. Amma schildert ihre Freigiebigkeit: „Wenn manche Kinder von ihren Eltern zum Geburtstag etwas Geld geschenkt oder auch nur ein Eis spendiert bekommen, bitten sie sie, das Geld stattdessen Amma zu geben. Sie sagen den Eltern, Amma könne auf diese Weise Kinder in Not unterstützen.

Andere Kinder kommen zu Amma mit ihren Ersparnissen und sagen, man könnte sie benutzen, um Kugelschreiber für arme Schüler zu kaufen. Amma möchte das nicht annehmen – denn andere Schüler, die nichts zu geben haben, könnten dann traurig sein – doch wenn sie andererseits die Güte ihrer Herzen sieht, hat sie keine andere Wahl. Die Regierung kann nicht alles tun. Würden diese Kinder dieses Geld vielleicht dem Staat mit der gleichen Liebe spenden, wie sie es Amma geben?"

Amma ist mit vielen internationalen Ehrungen überhäuft worden. Das Parlament der Weltreligionen nominierte sie anlässlich seines hundertjährigen Jubiläums zur Präsidentin des Hinduismus; sie hielt die Hauptrede beim Millenniums-Friedensgipfel der Vereinten Nationen; im Jahre 2002 wurde sie mit dem Gandhi-King-Preis für Gewaltlosigkeit ausgezeichnet. Im letzten Jahr (2006), wurde ihr – zusammen mit dem Nobelpreisträger des Jahres 2005 Mohamed El Baradei – der James Parks Morton Interfaith-Preis vom Interreligiösen Zentrum in New York verliehen. Hier würdigte man ihre Rolle als herausragende spirituelle Führungspersönlichkeit und humanistische Aktivistin. Bei der Preisverleihung hob das Interreligiöse Zentrum vor allem das immense Hilfsprogramm ihres aśrams im Zusammenhang mit der Tsunami-Katastrophe hervor.

Als er ihr den Preis übergab, sagte Reverend James Parks Morton zu Amma: „Sie verkörpern all das, wofür wir stehen."

„Am Ende", sagt Amma, „ist Liebe die einzige Medizin, die die Wunden der Welt heilen kann. In diesem Universum ist sie es, die alles miteinander verbindet. Wenn das Bewusstsein dafür in uns dämmert, wird alle Disharmonie verschwinden – allein beständiger Frieden wird dann herrschen."

❀

KAPITEL 1

Wie man einen gesunden Geist entwickelt

„Wie Arbeit den Körper stärkt, so stärken Schwierigkeiten den Geist."

– Seneca

Als Amma vor 20 Jahren erstmalig Japan, die USA und viele andere hoch entwickelte Länder besuchte, gehörte ich zu der kleinen Gruppe von Schülern, welche sie begleitete. Auch für mich war es das erste Mal, dass ich Indien verließ, und ich war überaus beeindruckt von dem, was ich dort im Ausland zu Gesicht bekam. Alle hatten Computer, Staubsauger und Waschmaschinen – einige Leute besaßen sogar schon Handys. Inzwischen ist natürlich auch Indien zu einer sich rasch entwickelnden Nation geworden. Damals jedoch betrachtete ich diese Dinge geradezu als Wunderwerke. Ich sah all den technologischen Fortschritt, die materiellen Bequemlichkeiten, welche in der westlichen Gesellschaft existierten, und dachte bei mir: „Das ist wahrhaft der Himmel." Ich kam sogar zu dem Schluss, dass Amma eigentlich gar nicht in den Westen zu reisen brauchte, hatten die Menschen hier doch anscheinend alles, was sie benötigten.

Doch wenn dann Ammas *darśan*[1] begann, erzählten die Leute von ihren Problemen. Oftmals fungierte ich dabei als

---

[1] Wörtlich: „sehen". In der indischen Tradition bedeutet das Wort 1.) Mit einem Heiligen zusammentreffen; 2.) eine bildliche Darstellung Gottes

Übersetzer, und wenn ich von ihren Schwierigkeiten hörte – Drogenmissbrauch, Schwangerschaften bei Teenagern, zahlreiche Scheidungen und Depressionen – war ich verblüfft. Bevor ich in den Westen gekommen war, hatte ich geglaubt, eine Depression sei ein vom Wetter abhängiges Phänomen oder auf wirtschaftliche Not zurückzuführen. Nie zuvor war ich einem Menschen begegnet, der sich in psychiatrischer Behandlung befand; hier im Westen entdeckte ich, dass selbst Hunde einen Psychiater besaßen. Ich erinnerte mich an die Worte des französischen Philosophen Jean Paul Sartre: „Alles hat man herausgefunden, nur dies nicht, wie man zu leben hat." Es bestand kein Zweifel daran, dass die Menschen in diesen Ländern äußerlich ein bequemes Leben führten, innerlich jedoch durchlebten sie große Qualen. Ammas Liebe war ein höchst notwendiges Heilmittel für ihre verwundeten Herzen. Ihre spirituelle Führung verlieh ihnen die Stärke und das Selbstvertrauen, das sie benötigten, um im Leben vorwärts zu kommen.

Um uns eines friedvollen Daseins zu erfreuen, sind wir gehalten, die spirituellen Prinzipien als Worte zu beherzigen, die uns im Leben dienlich sind. Das bedeutet, dass wir unsere Anhaftungen und Erwartungen aufgeben und die wandelbare Natur des menschlichen Individuums wie auch der Welt verstehen lernen.

---

betrachten; 3.) eine Vision Gottes haben. In diesem Buch bezieht sich *darśan* auf Ammas mütterliche Umarmung. Über ihre Art von *darśan* sagt sie: „Ammas Umarmungen und Küsse sollten nicht im gewöhnlichen Sinne aufgefasst werden. Wenn sie jemanden in die Arme nimmt und küsst, ist dies ein Vorgang der Läuterung und inneren Heilung. Amma überträgt einen Teil ihrer reinen Vitalenergie *(prāna-śakti)* auf ihre Kinder. Es ermöglicht ihnen ebenfalls, echte, bedingungslose Liebe zu erfahren. Wenn Amma jemanden an sich drückt, vermag das die schlafende spirituelle Energie im Innern der Person zu erwecken, die sie schließlich zum höchsten Ziel der Selbstverwirklichung führt."

Viele glauben, dass es sich bei Spiritualität um eine schöne Philosophie handelt, die jedoch im Hinblick auf die praktischen Anforderungen unseres täglichen Lebens keinerlei Bedeutung besitzt. Wir mögen uns fragen: ‚Worin besteht eigentlich der Zusammenhang zwischen Spiritualität und dem Alltagsleben?' Angenommen wir haben eine stark infizierte Wunde am Bein und benötigen eine Injektion mit einem Antibiotikum. Der Arzt muss die Spritze nicht am Bein ansetzen, er gibt uns die Injektion in den Arm. Wir werden dann sicherlich nicht in der Weise protestieren, dass wir sagen: „Doktor, das Problem ist in meinem Bein, warum geben Sie mir die Spritze in den Arm?" Wir wissen nämlich, dass die Medizin infolge der Blutzirkulation durch den ganzen Körper transportiert wird und unser infiziertes Bein erreicht. Ähnlich verhält es sich mit spirituellen Übungen und den Problemen des alltäglichen Lebens: obwohl beide zunächst nichts miteinander zu tun zu haben scheinen, stehen sie doch in engem Zusammenhang. Spiritualität bereitet unser Gemüt darauf vor, den zahlreichen Herausforderungen des Lebens zu begegnen. Ebenso wie Medizin mittels des Blutes durch den ganzen Körper wandert, so wandert auch die „spirituelle Medizin" durch das Gemüt und hat auf jeden Aspekt unseres Lebens eine wohltuenden Einfluss.

Wenn wir genau hinschauen, stellen wir fest, dass unser Leben eigentlich aus nichts anderem besteht als aus einer Folge verschiedenster Erfahrungen. Alle diese Erfahrungen verdanken ihre Existenz einzig dem Geist (*manas*). Wenn der Geist[2] nicht

---

[2] Für das englische Wort „mind", erst recht aber für den ihm entsprechenden Sanskrit-Terminus *„manas"* gibt es im Deutschen kein eindeutiges Äquivalent. Etymologisch ist zwar „Gemüt" die beste Lösung, begriffsgeschichtlich jedoch ist dies nicht unproblematisch, da der Gebrauch dieses Wortes vornehmlich die emotional-affektive Sphäre des menschlichen Daseins umfasst. „Geist" andererseits wird im Deutschen eher von der Vernunft her gedeutet, kann sogar als Analogon zu „spiritus" oder auch *„caitanya"* aufgefasst werden,

funktioniert, erfahren wir überhaupt nichts. Wenn wir uns zum Beispiel in tiefem Schlaf befinden, sind wir uns weder der Welt bewusst, noch der Menschen, die sich unterhalten und lachen, noch überhaupt irgendwelcher Geschehnisse, die sich in unserer Nähe ereignen und zwar ganz einfach, weil der Geist seine Funktion nicht ausübt. Erst wenn wir aufwachen, nehmen wir die Welt wieder wahr.

Weil alle unsere Erlebnisse durch den Geist (*manas*) wahrgenommen werden, ist es wichtig, dass er stark und gesund ist. Es gibt ein Sprichwort: „Wie der Geist, so der Mensch." Wenn wir zum Beispiel Tänzer sind und die Bühne, auf welcher wir tanzen, instabil ist, so wird auch unsere Aufführung wackelig erscheinen. In ähnlicher Weise ist der Geist die Bühne, auf der sich das Drama unseres Lebens abspielt. Ist er stark und gesund, so wird auch unser Leben relativ glücklich und friedvoll sein. Es ist der Geist, der uns glücklich oder unglücklich, verspannt oder friedvoll macht. Spirituelles Verständnis hilft uns, einen gesunden Geist zu kultivieren und mehr Zufriedenheit und Erfüllung zu erfahren – trotz der veränderlichen Natur der Welt, die uns umgibt.

Es war einmal eine reiche Frau, die bei einem Geschäft all ihr Geld verloren hatte. Nachdem sie ihrem Geliebten erzählt hatte, dass sie völlig bankrott sei, fragte sie ihn: „Nun, mein Herz, liebst Du mich immer noch, obwohl ich nun nicht mehr reich bin?"

„Natürlich, mein Schatz", versicherte er ihr, „ich werde Dich immer lieben – auch wenn ich Dich wahrscheinlich nie wiedersehen werde."

Dies ist die Natur der Welt. Jemand, der uns heute liebt, wird uns vielleicht morgen verlassen. Wir bekommen möglicherweise

---

vor allem, wenn man die theologische und metaphysische und mystische Tradition berücksichtigt. Als eine Art Kompromiss wird im folgenden Text „mind", d.h. *„manas"*, je nach Zusammenhang entweder mit „Geist" oder mit „Gemüt" übersetzt.

nicht immer das, was wir erwarten – tatsächlich bekommen wir oftmals gerade das, was wir n i c h t erwarten. Heute sind wir vielleicht das blühende Leben, während wir morgen feststellen müssen, dass wir uns eine Krankheit zugezogen haben, die uns auszehrt. Indem sie uns solche Fakten vor Augen führt, bereitet uns Spiritualität darauf vor, die verschiedenen Situationen, denen uns das Leben aussetzt, mit Gleichmut zu ertragen. Amma sagt, dass wir möglicherweise sogar mehr negative als positive Erfahrungen zu durchleben haben. Der Reichtum unseres Lebens wird nicht bestimmt durch die Anzahl der angenehmen Erfahrungen, die wir haben, sondern vielmehr dadurch, wie wir mit den unerfreulichen oder herausfordernden Erfahrungen umgehen. Manchmal müssen wir bitter schmeckende Medizin zu uns nehmen, um eine Krankheit zu verhindern oder zu kurieren. In ähnlicher Weise verbessern angenehme Erfahrungen zwar unsere Lebensqualität, doch mit den Schwierigkeiten im Leben richtig umzugehen – dies ist es, was uns wirklich hilft, innere Stärke zu entwickeln.

Es war einmal ein Hofnarr. Eines Tages nahm er sich zu viel heraus und beleidigte den König. Der wütende Herrscher befahl daraufhin, den Hofnarren hinzurichten. Der ganze Hof jedoch bedrängte ihn, Gnade mit dem Narren walten zu lassen, der ihm so viele Jahre treu gedient hatte. Nach einiger Zeit lenkte der König ein, jedoch nur insoweit, als er dem Narren die Wahl der Todesart freistellte. Gemäß der Hofetikette antwortete dieser listig: „Wenn es Euch nichts ausmacht, Majestät, möchte ich an Altersschwäche sterben."

Jede Situation im Leben gewährt uns eine Wahlmöglichkeit: wir können entweder reagieren – wozu uns das Ego, vergangene Erfahrungen, Anhaftungen und negative Empfindungen drängen, oder wir können auf sie eingehen, entsprechend unserer positiven Eigenschaften wie Liebe, Mitgefühl, Geduld und

Freundlichkeit. Der Schlüssel dafür, auf bestimmte Situationen einzugehen statt auf sie zu reagieren, ist Akzeptanz. Wenn wir die Situation, so wie sie nun einmal ist, hinnehmen, beginnen wir, die verborgenen Lektionen und Gelegenheiten wahrzunehmen, die sie uns bieten, so dass wir entsprechend auf sie antworten können. Bei den meisten von uns herrscht jedoch die Tendenz vor, zu reagieren, und das Resultat davon sind Frustration, Ärger oder Niedergeschlagenheit. Unser Leben wird dann zu einer Aneinanderreihung von Reaktionen, durchsetzt mit einigen friedvollen Augenblicken, wenn die Dinge sich für begrenzte Zeit einmal gemäß unseren Vorstellungen entwickeln. Tatsächlich haben wir ständig das eine oder andere Problem, doch zwischen den großen Problemen – wenn uns lediglich „kleinere" bedrängen – lassen wir verlauten, dass die Dinge „gut" für uns laufen.

Es gab einmal einen zehnjährigen Jungen, dessen Hobby eine asiatische Kampfsport war. Eines Tages erlitt er einen furchtbaren Autounfall, bei dem sein linker Arm so stark verletzt wurde, dass man ihn amputieren musste. Er hätte negativ auf dieses Unglück reagieren und die Kampfsportart aufgeben können. Stattdessen nahm er jedoch weiter an den Übungsstunden teil, und sein Judo-Lehrer war bereit, ihn eine bestimmte Technik zu lehren, die man mit nur einem Arm ausführen konnte.

Nach drei Monaten aber hatte der Junge erst einen Griff gelernt. Er bat seinen Lehrer, ihm noch etwas mehr beizubringen. Letzterer versicherte ihm jedoch, dies sei der einzige Griff, den er beherrschen müsse.

Bald danach nahm der Junge an einem Turnier teil. Er schien sich auf aussichtslosem Posten zu befinden, denn sein Gegner besaß seine zwei Arme, war größer und kampferfahrener. Der Junge wartete jedoch auf den richtigen Augenblick, und als sich ihm die Gelegenheit eröffnete, streckte er den größeren Jungen zu

Boden, indemer den Griff anwendete, den er von seinem Meister gelernt hatte.

Auf dem Rückweg fragte er den Lehrer: „Wie war es möglich, dass ich den Kampf mit nur einem einzigen Griff gewinnen konnte?"Der Lehrer antwortete: „Du hast einen der schwierigsten Griffe im Judo überhaupt gemeistert. Die einzige mögliche Verteidigung Deines Gegners wäre gewesen, Deinen linken Arm zu fassen zu bekommen..."

Weil dieser Junge sich dazu entschlossen hatte, den Verlust seines linken Armes in positiver Weise anzunehmen, anstatt negativ darauf zu reagieren, machte er nun die Erfahrung, dass zumindest bei dieser asiatischen Kampfsportart sein größtes Manko zu seinem größten Vorteil geworden war.

Gerade so wie der Junge können auch wir uns dafür entscheiden, auf die Lebenssituationen einzugehen statt auf sie zu reagieren. Wir haben durchaus die Freiheit dazu, doch die meiste Zeit über wissen wir törichterweise mit solcher Freiheit nichts anzufangen und denken, das Leben habe schlechte Karten an uns verteilt.

Der Leser ist sicherlich vertraut mit den Geschichten über die strenge Disziplin, welche Ammas Mutter, *Damayantī*, ihrer Tochter auferlegte. Sie sagte ihr, sie solle, falls sie zufällig auf ein weggeworfenes Stück Papier treten würde, dieses Papier aufheben und dann mit Händen und Augen berühren – als Zeichen des Respekts, denn jedes Stück Papier repräsentiere Sarasvatī, die Göttin der Gelehrsamkeit. Dasselbe musste sie tun, wenn sie über die Türschwelle ging (denn sie befördert einen von einem Zimmer ins nächste), ja sogar wenn sie über Kuhdung lief (da die Kuh so wenig für sich selbst übrig behält und der Welt soviel gibt). Als Amma ein junges Mädchen war, herrschte der Brauch, Feuer nicht im eigenen Haus anzuzünden, sondern zu einem anderen Haus zu gehen, wo bereits ein Feuer brannte. So entzündete jedermann im Dorf seine eigene Lampe an einer bereits brennenden Lampe. Wann immer *Damayantī* Amma außer Haus schickte, um die Lampe anzuzünden, trug sie ihr Folgendes auf: „Wenn Du in diesem Haus schmutziges Geschirr vorfindest, wasche es ab, bevor Du gehst. Wenn die Wohnung gereinigt werden muss, dann mache sie sauber, bevor Du sie verlässt." Wenn ein Gast das Haus von Ammas Eltern besuchte, um dort die Nacht zu verbringen, forderte die Mutter Amma auf, die Nacht im Vorgarten zu verbringen, damit der Gast sein eigenes Zimmer habe. Das Wohlergehen des Gastes besaß auch Priorität, wenn es um das Essen ging. Amma sagt, dass ihre Mutter sich nicht darum kümmerte, ob ihre Kinder gegessen hatten, wenn nur der Gast genug zu essen bekommen hatte und in jeglicher Hinsicht für sein Wohlergehen gesorgt war; manchmal bekamen die Kinder nur Wasser. Wenn Amma Currypulver mahlte, verbot *Damayantī* ihr zu sprechen, bis sie mit der Arbeit fertig war, aus Furcht, es könne ein Tropfen Speichel auf die Nahrung fallen.

Da Ammas Geist von spirituellen Prinzipien durchdrungen war, war sie fähig, die augenscheinlich negativen Situationen in einem positiven Licht zu betrachten – trotz all dieser strengen Verbote. Amma sagt, niemals seien irgendwelche negativen Gefühle gegenüber ihrer Mutter in ihr aufgekommen. Sie spricht sogar manchmal von *Damayantī* als ihrem *guru*; sie sagt von ihr: „Obwohl sie keinerlei spirituelles Verständnis besaß, war sie in der Lage, mich anzuleiten." Amma betont, sie habe all diese Einschränkungen und Verbote nie als verschieden von Spiritualität betrachtet. Vielmehr empfand sie, dass solche Regeln einem helfen konnten, mit größerer Bewusstheit zu leben. In Ammas Fähigkeit, jeder Anweisung, welche die Mutter ihr gab, ein spirituelles Prinzip abzugewinnen, spiegelte sich der gesunde Zustand ihres Geistes wider.

Eines Tages ging ein Mann den Strand entlang, als er im Sand eine angelaufene Messinglampe liegen sah. Er hob sie auf und drehte sie um – sie schien leer zu sein. „Na, warum nicht", sprach er zu sich selbst, sah sich um, ob ihn auch niemand beobachtete und rieb an der Lampe.

Sofort erschien ein Geist und dankte ihm dafür, dass er ihn befreit hatte. Er sprach zu dem Mann: „Für die Freundlichkeit, die Du mir erwiesen hast, will ich Dir einen Wunsch erfüllen, aber wirklich nur einen!"

Der Mann dachte eine Minute nach und sagte dann: „Ich wollte immer schon einmal nach Hawaii, doch war es mir niemals möglich, da ich erstens Angst vor dem Fliegen habe und zweitens auf Schiffen immer seekrank werde. Also wünsche ich mir eine Brücke, die von hier nach Hawaii führt."

Der Geist dachte kurz nach und sprach dann: „Nein, ich glaube nicht, dass ich das tun kann. Denke doch mal nur an die Arbeit, die damit verbunden wäre. Die Pfeiler, die benötigt würden, die Fahrbahn zu stützen, müssten ja im Boden des Ozeans verankert werden; der ganze Zement, den man dazu brauchte, ganz abgesehen vom Drainagesystem, der Beleuchtung...Nein, nein, das wäre ein wenig zu viel verlangt. Bitte um etwas Vernünftigeres!"

Wieder dachte der Mann eine Weile nach: „Okay, wie wäre es damit! Meine Frau und ich streiten uns andauernd. Könntest Du sie nicht ändern, damit wir fähig sind, eine vollkommene Ehe führen?"

Der Geist kratzte sich an seinem Bart und grübelte nach. Endlich blickte er auf und sprach: „Okay, möchtest Du die Fahrbahn zwei- oder vierspurig haben?"

Amma sagt, dass wir die starke Neigung besitzen, von den Menschen in unserem Leben mehr zu erwarten, als sie zu erfüllen in der Lage sind. Sie vergleicht dies damit, auf einen Frosch zu schauen und einen Elefanten zu sehen. Wenn wir von einem Frosch erwarten, die Aufgaben eines Elefanten zu übernehmen, werden wir arg enttäuscht werden.

Nur das angemessene Verständnis spiritueller Prinzipien wird unsere unvernünftigen Erwartungen an die Welt beseitigen. Weil Amma die Natur der Welt versteht und akzeptiert, hat sie auch keine unangemessenen Erwartungen im Hinblick darauf, wie die Menschen sie behandeln werden oder was sie von der äußeren Welt erhalten kann. Es ist diese Klarheit der Einsicht, welche wir mit Hilfe von Spiritualität entwickeln können. Wir werden vielleicht nie in der Lage sein, die Welt mit Ammas Augen zu sehen, doch wenn wir ihre Lehren verinnerlichen und ihrem Beispiel nach Kräften folgen, vermögen wir sicherlich, unsere visionäre Kraft zu vertiefen. Dies wird uns helfen, mehr Frieden und Erfüllung in unserem Alltagsleben zu erfahren und auf das wahre Ziel menschlichen Lebens gerichtet zu bleiben: die Erkenntnis unseres Einsseins mit Gott und der gesamten Schöpfung.

✿

KAPITEL 2

Subjekt und Objekt

„Wenn Du die Quelle nicht erreichst, stolperst Du in Verwirrung und Sorge. Wenn Du hingegen erkennst, wo Du herkommst, wirst Du auf ganz natürliche Weise tolerant, unvoreingenommen, freudvoll, warmherzig wie eine Großmutter und würdevoll wie ein König. Ganz vertieft in das Wunder des Tao wirst Du mit allem, was das Leben Dir bringt, umgehen können – und wenn der Tod kommt, bist Du bereit.

– Tao Te King

Eines Abends, während der Zeit der alljährlichen indischen Festsaison, brannte ein Devotee in Ammas *aśram* ein spektakuläres Feuerwerk ab. Der Lärm war ohrenbetäubend. Mitten während dieses Schauspiels kam ein hörbehinderter Mann aus seinem Zimmer und fragte: „Wer zündet denn da all die Lichter an?"

Damit eine Erfahrung stattfinden kann, sind zwei Faktoren erforderlich: das Subjekt und das Objekt der Erfahrung. Wenn die Sinnesorgane nicht gut funktionieren, sind wir unfähig, die Sinnesobjekte deutlich zu erkennen. Wenn unser Augenlicht schwach ist, sind wir selbst bei hellem Licht nicht fähig, klar zu sehen. Wenn wir uns die Zunge verbrennen, vermögen wir auch nicht die feinste Küche der Welt zu genießen.

Ebenso verhält es sich, wenn wir ein friedvolles, harmonisches und erfolgreiches Leben führen wollen: Wir müssen uns mit den beiden Komponenten unserer Erfahrung befassen, mit dem Subjekt einerseits und dem Objekt bzw. der Vielzahl der Objekte andererseits. Natürlich sind wir alle mit den Versuchen vertraut, die Objekte der Erfahrung zu verbessern. Immer sind wir auf der Suche nach dem schönsten Ort zum Wohnen, nach dem am besten bezahlten Job, der schmackhaftesten Mahlzeit, dem attraktivsten Partner; wenn wir aber nichts tun, um das Subjekt unserer Erfahrung zu verbessern – das Gemüt nämlich – werden wir nicht fähig sein, selbst die luxuriöseste Umgebung zu genießen[1]. Amma sagt, der einzige Unterschied zwischen den Reichen und den Armen bestehe darin, dass die Reichen in klimatisierten, mit Teppichen ausgelegten Zimmern weinen, während die Armen auf schmutzigen Fußböden in ihren Hütten Tränen vergießen. Was wir wirklich brauchen, sagt Amma, ist eine „Klimatisierung des Gemütes". Wenn wir dabei erfolgreich sind, werden wir ein friedvolles Leben führen, wo immer wir uns auch befinden mögen.

Wenn unser Gemüt durch die Sinne Kontakt mit den Gegenständen der Welt aufnimmt, findet ein dreifacher Prozess statt: zunächst erfährt unser Gemüt (*manas*) durch die Sinne einen Reiz, eine Art „Input". Diese Information wird dann durch *manas* (Mentalwesen) und *buddhi* (Intellekt) verarbeitet – ein Gefühl,

---

[1] Während die meisten westlichen Philosophen der Ansicht sind, dass das Gemüt *(manas)* selbst das S u b j e k t ist, besitzt es gemäß der Auffassung des *vedānta* auch die Natur eines O b j e k t s, sind wir uns doch seiner Zustände wohl be-wusst. Trauer, Glück, Ärger, Ruhe – alles, dessen wir uns be-wusst sind, ist ein Objekt. *Vedānta* geht jedoch noch einen Schritt weiter und sagt, dass nicht nur *manas* (Gemüt) durchstrahlt wird vom *Ātman*, sondern dass auch die Sinne von *manas* durchstrahlt werden. Ohne den *Ātman* kann *manas* natürlich nicht arbeiten, doch wenn seinerseits *manas* nicht funktioniert, wie zum Beispiel während des Tiefschlafes, erleben wir nichts, obwohl der *Ātman* durchaus gegenwärtig ist. So wie der Mond, der von der Sonne sein Licht erhält, während der Nacht die Welt erleuchtet, so erleuchtet auch *manas*, selbst erhellt vom *Ātman*, die Sinne. In diesem Bedeutungszusammenhang wird in nachstehendem Kapitel von *manas* als Subjekt gesprochen.

eine Erinnerung, ein Verlangen oder ein Gedanke mögen aufkommen. Schließlich – abhängig von der Art des Stimulus, mit
welchem wir in Kontakt gekommen sind sowie dem Zustand
unseres Gemütes und unseres Intellekts – senden wir in Form von
Worten oder Handlungen einen „Output" als Antwort auf besag-
ten Reiz. Der erste Schritt, diesen Prozess zu optimieren, besteht
darin, Vorsicht walten zu lassen im Hinblick auf die Art von
Gegenständen, mit welchen unsere Sinne Kontakt aufnehmen.
Zumindest während unserer Freizeit haben die meisten von uns
die Wahlmöglichkeit, in welcher Art von Umgebung sie sich auf-
halten wollen. Wir können uns entschließen, ins Kino zu gehen,
in ein Spirituosengeschäft oder auch in ein Restaurant; genauso
gut könnten wir aber auch einen Park aufsuchen, einen Zoo, ein
Krankenhaus oder ein Meditationszentrum. Jede Umgebung
übt einen unterschiedlichen Einfluss auf uns aus, der wiederum
eine entsprechende Antwort unsererseits hervorruft. Die meisten
von uns haben eine angemessene Vorstellung davon, welche Art
von Umgebung positive Gefühle wie Frieden, Ruhe, Liebe und
Mitgefühl in uns auslöst und welche umgekehrt negative Empfindungen wie Angst, Wollust, Neid, Enttäuschung und Ärger
zu erzeugen pflegt. Indem wir einen ununterbrochenen Bewusst-
heitsstrom in uns aufrechterhalten, vermögen wir die rechte Wahl
zu treffen hinsichtlich unserer Umgebung wie auch der Objekte,
mit denen unsere Sinne in Kontakt treten. Natürlich haben wir
selbst dann, wenn wir sicherstellen können, positive Stimuli von
der äußeren Welt zu erhalten, keine vollständige Kontrolle über
unser Gemüt (*manas*). Selbst in einem Tempel oder einer Kirche
können negative Gedanken und Gefühle aufkommen. Um diesen
Punkt zu verdeutlichen, erzählt Amma oft die folgende Anekdote:

Wenn Amma in früheren Tagen auf Nordindien-Tour ging,
nahm sie fast alle Aśram-Bewohner mit sich, denn wir waren
ja nur ein paar Leute. Im Laufe der Zeit stieg die Anzahl der

brahmacāris und *brahmacāris* dramatisch an, und inzwischen sind es so viele, dass Amma nicht alle auf einmal auf die Tour mitnehmen kann. Heutzutage machen die meisten Aśram-Bewohner nur die Hälfte der Tour mit. Auf einer bestimmten Tour gab es einen *brahmacāri*, der während seiner gesamten freien Zeit mit langem Gesicht neben Amma stand. Normalerweise herrscht, während Amma *darśan* gibt, eine heitere Stimmung, es sei denn, ein Devotee erzählt eine traurige Geschichte. Doch inmitten all der lächelnden Personen machte besagter junger Mann die ganze Zeit über ein trübes Gesicht und vergoss manchmal sogar Tränen. Eines Tages rief Amma ihn zum *darśan*, und fragte ihn, worin sein Problem bestünde. „Ich muss Amma bald verlassen", erklärte er in Tränen aufgelöst. „In nur einer Woche muss ich zum *aśram* zurück." Er gehörte zu der Gruppe, die in jenem Jahr den ersten Teil der Tour mitmachte. „Das gilt aber doch für alle von diesen Kindern", sagte Amma, indem sie auf die lächelnden Gesichter um sich herum zeigte. „Sohn, wenn Du Dir Gedanken um die Zukunft machst, kannst Du Dich nicht der Gegenwart erfreuen. Diese Kinder hier genießen die Zeit, welche sie mit mir verbringen und machen das beste daraus, sie werden auch glücklich sein, wenn sie zurück müssen und werden erfüllt sein von den Erinnerungen an diese kostbaren Augenblicke."

Als nun die erste Gruppe in den *aśram* zurückgekehrt war und die zweite Gruppe an ihre Stelle trat, stellte Amma fest, dass jener *brahmacāri* ein Pendant in der zweiten Gruppe besaß. Als sie diesen zweiten *brahmacāri* fragte, was nicht in Ordnung sei, gestand er ihr, was so schwer auf ihm lastete: „Amma hat mich nicht mit auf die erste Hälfte der Tour genommen." Dieser Gedanke quälte ihn für den Rest der Tour, und er war völlig unfähig, Freude zu empfinden über die Situation, in der er sich befand.

In beiden Fällen hätten die *brahmacāris* nur eine Anpassung des Subjekts, nämlich ihres eigenen Gemütes, vornehmen müssen, um sich am Objekt – d.h. der Erfahrung, sich mit Amma auf Tour zu befinden – zu erfreuen.

Wir können nicht immer völlige Kontrolle über unsere äußere Lage bewahren. Unvermeidlich werden wir mit Situationen und Umständen konfrontiert, die dazu beitragen, das Schlechteste in uns hervorzubringen.

Unter solchen Umständen müssen wir, selbst wenn in uns eine negative Reaktion aufsteigt, unsere Handlung entsprechend anpassen, damit wir uns selbst oder jemand anderem kein Leid zufügen – weder in Wort noch Tat.

Amma erzählt dazu folgende Geschichte. Es gab einmal zwei Brüder, die abgesehen von ihrer Blutsverwandtschaft absolut nichts gemeinsam hatten. Der eine war ein Berufskrimineller, der sein ganzes Leben abwechselnd mal im Gefängnis und mal außerhalb desselben verbrachte. Als Vater war er ein völliger Versager, hatte drei gescheiterte Ehen hinter sich und war Drogen und Alkohol hoffnungslos verfallen. Sein Bruder hingegen war der Vizepräsident einer erfolgreichen Firma, der in seiner Freizeit buchstäblich einen Werbefeldzug für benachteiligte Kinder seiner Gemeinde ins Leben gerufen hatte. Verheiratet war er mit seiner Jugendliebe aus der Schulzeit und hatte mit ihr ein Kind, worauf sie sich entschlossen, zwei weitere zu adoptieren. Verblüfft von dieser bemerkenswerten Verschiedenheit stellte jemand beiden Brüdern dieselbe Frage: „Was hat Sie zu dem gemacht, was Sie heute sind?"

Der Kriminelle erging sich in Klagen: „An allem ist mein Vater schuld", sagte er. Er war ein Alkoholiker und schlug uns ohne jeglichen Grund. Obendrein zeigte er niemals irgendwelches Zartgefühl oder Liebe für uns. Nun bin ich genau wie er geworden."

Als dieselbe Frage an den Vizepräsidenten gestellt wurde, antwortete er: „Tatsächlich liegt alles an meinem Vater. Sein Leben war in jeder Hinsicht ein Fehlschlag. Ich schwor mir damals, dass ich anders werden wollte, dass ich seine Fehler nicht wiederholen würde. In gewisser Hinsicht bin ich ihm dankbar – zumindest hat er mir gezeigt, wie man n i c h t leben soll.

Beide Brüder machten die negative Erfahrung eines sie misshandelnden Vaters und durchlebten eine traumatische Kindheit – doch ihr Output war völlig unterschiedlich. Alles hängt ab von den Bedingungen des Prozessors – des Gemütes.

Es gibt eine Geschichte im *Śrimad Bhagavatam*, die diesen Punkt verdeutlicht. Nachdem er eine Weissagung erhalten hatte, dass der achte Sohn seiner Schwester ihn töten würde, ließ der bösartige König *Kamsa* seine Schwester *Devakī* und deren Ehemann *Vasudeva* ins Gefängnis werfen. Wann immer dem Paar ein Kind geboren wurde, nahm *Kamsa* es an den Füßen und zerschmetterte seinen Kopf an einem Steinblock.

Während ihrer achten Schwangerschaft hatten *Devakī* und *Vasudeva* eine Vision *Vishnus*. Der Herr sagte ihnen, dass *Vasudeva* das Kind, sobald es geboren worden sei, in das Dorf *Vrindāvan* bringen solle, wo *Yaśodā*, die Ehefrau des Dorfvorstehers *Nandagopa*, gerade ein kleines Mädchen zur Welt gebracht habe. *Vasudeva* sollte seinen Sohn bei *Yaśodā* und *Nandagopa* lassen und mit deren Tochter zu *Devakī* zurückkehren.

Als nun *Krishna* als achtes Kind *Devakīs* geboren wurde, folgte *Vasudeva* exakt den Anweisungen, die ihm *Vishnu* erteilt hatte. Sobald *Kamsa* die Nachricht erhielt, dass *Devakī* wieder ein Kind zur Welt gebracht hatte, eilte der böse König in die Gefängniszelle, wo das Baby zur Welt gekommen war. Er entriss das Kind *Devakīs* Armen, ergriff es bei den Füßen und war im Begriff, seinen Kopf gegen einen Felsen zu schmettern. *Kamsa* wusste jedoch nicht, dass es sich bei dem Kind, dessen Füße er hielt, um *Yogamāyā* handelte, einer Inkarnation der göttlichen Mutter. Leicht entwand sich die Göttinseiner Umklammerung und begann, ins Riesenhafte anzuwachsen. *Yogamāyā* stand am Himmel und sprach zu *Kamsa:* „Du kannst mich nicht töten. Leicht wäre es mir, d i c h zu töten, doch derjenige, der ausersehen ist, dich hinzurichten, ist am Leben, wohlbehalten und außerhalb deiner Reichweite. Dein Schicksal ist besiegelt."

Einige Gelehrte haben eine andere Theorie entwickelt, weshalb *Yogamāyā Kamsas* Leben verschonte. Die Barmherzigkeit der Göttlichen Mutter, so argumentieren jene Exegeten, schützt jeden, der bei ihr Zuflucht sucht; gemäß der Tradition ist das Berühren der Füße ein Zeichen der Hingabe. Wenn also *Kamsa Yogamāyās* Füße auch nur in der Absicht berührte, sie zu töten, so war ihr Herz dennoch von Mitgefühl für ihn erfüllt, und sie verschonte sein Leben.

Ebenso wie *Yogamāyā* in besagter Geschichte, so senden *mahātmas*[2] wie Amma immer einen positiven „Output", wie negativ der „Input" auch immer sein mag. Für Amma ist das Gemüt *(manas)* nur ein Instrument, welches jederzeit ihrer Kontrolle untersteht und niemals zusammenbricht oder defekt ist. Ich erinnere mich an ein Paar, das mit seinen Eheproblemen oftmals zu Amma kam. Tatsache war, dass der Ehemann ein ziemlich hitziges Temperament besaß und ständig seine Frau für ihre gemeinsamen Probleme verantwortlich machte. Doch jedes Mal, wenn er sich bei Amma über die Fehler seiner Frau beklagte, verteidigte Amma sie mit Entschiedenheit. Eines Tages verlor der Mann die Geduld, diesmal jedoch nicht in Bezug auf seine Frau sondern auf Amma. Er erhob seine Stimme und beschuldigte

---

[2] Wörtlich „Großes Selbst". Obwohl der Ausdruck heutzutage in einem weiten Sinne verwendet wird, ist in diesem Buch mit *mahātma* jemand gemeint, der immerzu von der Erkenntnis durchdrungen, dass er eins ist mit dem Universalen Selbst.

Amma, sie würde niemals auf seinen Standpunkt eingehen, um letzteren gleich darauf noch einmal mit Nachdruck zu bekräftigen. Amma hörte zu, ohne auch nur die geringste Reaktion zu zeigen. Als er mit seinen Wortkaskaden schließlich am Ende war und erschöpft neben Ammas Stuhl sank, bemerkte sie gelassen: „So, jetzt bist Du müde; zumindest heute wirst Du nicht mehr zornig auf Deine Frau sein. Sohn, wann immer Du Ärger empfindest, komme her und lasse es an mir aus anstatt an Deiner Frau. Amma macht es nicht das Geringste aus, doch Deine Frau nimmt sich Deine Worte zu Herzen und trägt durch sie für lange Zeit so klaffende Wunden davon, dass sie vielleicht sogar ihrem Leben ein Ende setzt." Beschämt von seinem Wutausbruch und verängstigt angesichts dessen möglicher Konsequenzen entschuldigte sich der Mann zunächst bei Amma und später auch bei seiner Frau. Wie ich hörte, ist er nach diesem Vorfall weitaus sanftmütiger geworden und verhält sich auch ganz allgemein viel duldsamer, was seine Frau betrifft.

Inspiriert durch Ammas Beispiel haben es viele Devotees geschafft, ihre Verhaltens- und Denkmuster zum besseren zu verändern und negative Situationen auf eine vorteilhafte Weise hinzunehmen. Zwei der bemerkenswertesten Beispiele hierfür kommen aus Gujarat. Es gibt einen Devotee aus Gujarat, dessen Tochter nun in Amritapuri

Vor dem katastrophalen Erdbeben, das Gujarat 2001 erschütterte, lebte er mit seiner Frau und zwei Kindern in Ahmedabad. Tragischer weise kamen seine Frau und sein Sohn bei dem Erdbeben ums Leben. In einem einzigen Augenblick hatte er beinahe alles verloren. Doch anstatt von Verzweiflung überwältigt zu sein und seinen Glauben an Gott zu verlieren, reiste er nach Amritapuri und suchte Ammas Unterstützung. Während seiner zweitägigen Zugfahrt von Gujarat behielt er seine Sorgen den anderen Zuggästen gegenüber für sich und erzählte ihnen stattdessen von Ammas Leben und ihren Lehren. Es gelang ihm sogar, zwanzig neue Abonnenten für Ammas spirituelles Monatsmagazin zu gewinnen. Der Mann kam mit seiner Tochter abends in Amritapuri an. Amma war nach den abendlichen *bhajans* (hingebungsvolle Gesänge) gerade in ihr Zimmer zurückgekehrt. Als sie hörte, dass sie angekommen waren, rief sie sie sofort in ihr Zimmer. Nachdem sie das Zimmer betreten hatten, ließ Amma ihre Köpfe in ihrem Schoß ruhen. In Ammas Gesicht spiegelte sich der tiefe Kummer von beiden: des Vaters und Ehemanns, der Tochter und Schwester. Tränen liefen Ammas Wangen herab. Schließlich fragte der Mann: „Amma, was sollen wir jetzt tun?" „Amma denkt, dass es besser für euch beide ist, wenn ihr erstmal für einige Zeit im *aśram* bleibt", sagte sie. „Der *aśram* wird sich um die weitere Ausbildung Deiner Tochter kümmern."

Als er dies hörte, hellte sich sein Gesicht auf, und er rief aus: „Amma, wir sind wirklich gesegnet!"

Obwohl er den Tod seiner Frau und seines Sohnes betrauerte, brach er dennoch nicht unter der Last der Tragödie zusammen. Auch war er um das Wohlergehen seiner jungen Tochter besorgt und dankbar für die Gelegenheit, sich von seinem Verlust durch selbstlosen Dienst und spirituelle Praxis zu erholen.

Ammas Gespräch mit den Bewohnern eines Dorfes in Gujarat, dessen Patenschaft sie nach dem Erdbeben übernahm, ist heute unter ihren Devotees wohlbekannt, denn sie zitiert deren Worte oftmals als ein Beispiel außerordentlicher Überantwortung und Glauben an Gott. Als Amma sie nämlich fragte, wie sie sich nach der Katastrophe fühlten, antworteten sie: „Uns geht es gut. Was Gott uns gab, hat er fortgenommen. Aber wir sind froh, dass Amma nun bei uns ist."

Auf das Erdbeben, das im Jahr 2001 Teile Gujarats verwüstete, reagierte Amma auf die gleiche Weise, wie sie es ungefähr vier Jahre später im Falle des Tsunami tat: Sofort sandte sie Ärzte, *brahmacāris* und Devotees dorthin, um Hilfe zu leisten. Ein Jahr nach der Katastrophe hatte der *aśram* in Bhuj, wo sich das Epizentrum des Bebens befunden und die Zerstörung am schlimmsten gewütet hatte, drei ganze Dörfer vollständig wieder aufgebaut – das macht insgesamt 1200 Wohnhäuser, dazu kommen Schulen, Gemeinschaftshallen, Wassertanks, medizinische Einrichtungen, Straßen, Strom versorgung und das Kanalisationssystem.

Als der *sarpanch*, der Ortsvorsteher eines dieser von Amma wieder aufgebauten Dörfer im Jahr 2004 davon hörte, dass ihr Heimatdorf vom Tsunami heimgesucht worden war, bestiegen er und neun andere Dorfbewohner aus Gujarat einen Zug in den Süden nach Amritapuri und boten ihre Hilfe an.

„Als es schlimm um uns stand, ist Amma gekommen und hat die Dörfer aufgebaut", sagte der sarpanch. „Nun stehen die Dinge schlecht in Ammas Dorf, also ist es nun unser *dharma*, zu helfen." So denken die Leute aus Bhuj.

Einer von Ammas langjährigen Devotees, welcher die meiste Zeit in Amritapuri verbringt, war aufgrund einer dringenden Familienangelegenheit, die seine Anwesenheit erforderlich machte, in sein Heimatland zurückgekehrt. Daher war er zu der Zeit, als der Tsunami ausbrach, nicht im *aśram*. Mit Sorge verfolgte er die Ereignisse, so weit sie bekannt wurden, indem er die täglichen Meldungen auf der Website des *aśram* las. Nachdem er jedoch nach Indien zurückgekehrt war, gestand er, dass er tiefen Schmerz darüber empfand, nicht in der Lage gewesen zu sein, beim Reparieren der Schäden im *aśram* mitzuwirken und den Tsunami-Opfern Hilfe zu leisten. Als er aber das nächste Mal nach Hause fuhr, traf es sich, dass im Libanon ein Krieg ausbrach, der das Land verwüstete. Der Devotee hatte eigentlich geplant, in den ersten Tagen des Krieges nach Amritapuri zurückzukehren. Doch nachdem er den meisten seiner Verwandten geholfen hatte, in sicherere Länder zu fliehen, bat er um Ammas Segen und ihre Erlaubnis, im Linanon bleiben zu dürfen, um sich um die Verwundeten und Vertriebenen zu kümmern. Als er durch die vom Krieg zerstörten Straßen ging, fand er Zeit, dem *aśram* eine E-mail zu schicken. „Dies ist mein Tsunami", schrieb er. „Wie viele andere hätte ich in den letzten paar Tagen fliehen können, doch gerade eingedenk des Beispiels, das Amma uns gibt, kann mich der Schmerz und das Leid all dieser unglücklichen Familien nicht unbeteiligt lassen. Jedesmal, wenn ich jemanden treffe, der in Not ist, denke ich an Ammas Lächeln und tue alles, was ich kann, um ihnen etwas Trost und Glück zu spenden."

Es ist eine Tatsache, die zu allen Zeiten und an jedem Ort, doch besonders in unserem Zeitalter Gültigkeit besitzt, dass wir nicht erwarten können, überall glückliche Menschen und friedliche Umstände anzutreffen. Doch selbst wenn die Objekte, denen wir unsere Aufmerksamkeit zuwenden, unerfreulich oder schmerzlich sind, können wir, falls das Subjekt unseres Gemütes sich in einem guten Zustand befindet, vermeiden, von Verzweiflung, Zorn und Niedergeschlagenheit überwältigt zu werden. Dann wird unser äußeres Verhalten all denen, mit welchen wir zusammentreffen, von Nutzen sein. Mit einem Geist, der tief in spirituellen Prinzipien verankert ist, anstatt automatisch und oftmals negativ auf den äußeren Impuls, den wir empfangen, zu reagieren, sind wir jederzeit fähig, auf positive Weise auf die Umstände einzugehen.

❀

KAPITEL 3

Hier kommt ein Mensch: Wie man das Beste aus seinem Leben auf Erden macht

„Nur die Weisesten und die Dümmsten unter den Menschen ändern sich niemals."

— *Konfuzius*

Während unseres gesamten Daseins machen wir viele Erfahrungen, lernen viele Dinge und vollbringen viele Handlungen. Als menschliche Wesen sind wir außerdem mit einer differenzierten Persönlichkeit ausgestattet: da gibt es die Erlebnispersönlichkeit, die Erkenntnispersönlichkeit und die Handlungspersönlichkeit – man könnte es auch so ausdrücken, dass unsere Persönlichkeit diese drei unterschiedlichen Aspekte besitzt.

Von dem Augenblick an, da wir geboren sind, beginnen wir die Welt durch die Sinne wahrzunehmen. Dasjenige seelische Vermögen, welches uns befähigt, mit dem Erfreulichen wie dem Unerfreulichen der Welt um uns herum Kontakt aufzunehmen, ist der Erlebnisaspekt unserer Persönlichkeit; er zeigt sich bereits im ersten Moment unseres welthaften Daseins.

Der Erkenntnisaspekt unserer Persönlichkeit ist es, der uns in die Lage versetzt, Wissen zu erlangen. Wir alle sind ausgestattet mit dem Instrument der Verstandeskraft, durch welche wir von der Welt zu lernen vermögen.

Der dritte Aspekt der Persönlichkeit, welchen man als den Agierenden oder Ausführenden der Handlungen bezeichnen könnte, beginnt seine Tätigkeit erst später im Leben. Als Säugling planen und agieren wir nicht bewusst. Sicher, wir mögen schreien, weinen und unsere Windeln beschmutzen, doch handelt es sich dabei nicht um wohlüberlegte Aktionen, die durch ein bestimmtes Motiv veranlasst werden; vielmehr geschieht dies alles rein instinktiv. Erst später handeln wir bewusst.

Allen drei Teilen unserer Persönlichkeit steht ein weites Aktionsfeld offen; die Möglichkeiten für das Erleben, Erkennen und Handeln sind unbegrenzt. Unglücklicherweise ist unsere Lebensspanne so knapp bemessen, dass wir nicht allzu viel erfahren, lernen oder tun können.

Angesichts der begrenzten Zeit, die uns zur Verfügung steht, sind wir vor eine Wahl gestellt: Welchem Aspekt unserer Persönlichkeit wollen wir Priorität einräumen? Wenn wir allein dem Instinkt folgen, werden wir sicherlich den Schwerpunkt auf das Erleben legen und die erkennende wie auch die handelnde Persönlichkeit in uns werden beide zu Dienern der erlebenden.

Selbst in der Schule, wo wir doch ganz auf das Lernen ausgerichtet sein sollten, legen wir übermäßigen Nachdruck auf vergnügliche Erlebnisse, dies ist ganz offensichtlich. Beispielsweise messen die meisten von uns den Fächern die höchste Wichtigkeit bei, die uns dazu verhelfen, später so viel Geld wie möglich zu verdienen. Diese Tendenz setzt sich das ganze Leben fort.

Ein Mann kam einmal in einen Buchladen und suchte nach einem Buch mit dem Titel „Wie man über Nacht Milliardär wird". Der Verkäufer übergab dem Mann zwei Bücher, worauf dieser sagte: „Eigentlich ist ein Exemplar genug."

Der Verkäufer antwortete: „Ich habe Ihnen auch nur ein Exemplar von „Wie wird man über Nacht Milliardär" gegeben. Wenn aber jemand kommt und dieses Buch verlangt, geben wir ihm immer noch ein zweites Buch mit – es ist ein Kopplungsgeschäft."

Plötzlich zeigte der Kunde großes Interesse. „O, wirklich? Wie heißt denn das zweite Buch?"

Der Verkäufer antwortete: „Es ist eine Ausgabe des Strafgesetzbuches."

In ähnlicher Weise kann man in große Schwierigkeiten geraten, wenn man ausschließlich darauf fixiert ist, Angenehmes zu erleben, ohne Erkenntnis zu erlangen und sich im Bereich ethischen Handelns zu engagieren.

Kürzlich hörte ich eine Geschichte, die auf tragische Weise illustriert, wie sehr man heutzutage den Erlebnisaspekt überbetont. Im Mai 2006 starb ein Bergsteiger, der sich auf dem Rückweg vom Gipfel des Mount Everest befand an Sauerstoffmangel und Erfrierungen. Der traurigste Aspekt dieser Geschichte ist jedoch, dass der Mount Everest keineswegs mehr jenes unwirtliche Niemandsland ist, wie es noch Sir Edmund Hillary bei seiner ersten Gipfelbesteigung 1953 vorfand. Mit dem Aufkommen der modernen Technik und der Verfügbarkeit erfahrener Bergführer ist der Everest nämlich zu einer Art touristischen Attraktion geworden – wenn auch eine durchaus kostspielige und tückische. Vierzig Menschen gingen auf ihrem Weg aufwärts an dem sterbenden Mann vorbei; jeder von ihnen hätte ihn retten können, indem sie ihn mit Sauerstoff versorgt und ihm beim Abstieg vom Berg Hilfe geleistet hätten. Dafür hätte man freilich die Gelegenheit opfern müssen, den Gipfel zu erreichen. Keiner von ihnen tat es. Alle waren nur darauf fixiert, das prickelnde Gefühl zu erleben, auf den höchsten Punkt des Berges zu gelangen, nicht aber darauf, etwas für ein anderes menschliches Wesen zu tun, das dringend Hilfe benötigte.

Tatsächlich unterscheiden wir uns kaum von Tieren, wenn wir dem Erlebnisaspekt *(bhoga)* unserer Persönlichkeit den Vorzug geben. Im Falle der Persönlichkeit des Tieres gibt es nämlich nur diesen. Ein Esel oder ein Schimpanse geht nicht auf die Universität oder kommt zu einem *satsang*, da die Erkenntnis-Persönlichkeit nicht vorhanden ist. Eine Kuh kann nicht den Plan ins Auge fassen, vomBauernhof zu entfliehen, denn sie besitzt keine Handlungs-Persönlichkeit. Was immer das Tier auch tun mag, es wird von seinen Instinkten gesteuert.

Es ist diese Erlebnis-Persönlichkeit, welche wir mit den Tieren gemeinsam haben. Selbst wenn wir sozusagen zum „intensivsten Erlebnismenschen" aufsteigen, ist dies für ein menschliches Wesen keine besonders große Leistung – man tritt auf diese Weise nur mit den Tieren in Wettbewerb. Vielleicht ist das der Grund, warum der Wettbewerb um weltlichen Erfolg auch „Rattenlauf" genannt wird. Die Plage bei diesem Rattenlauf besteht darin, dass man selbst dann, wenn man gewinnt, gleichwohl eine Ratte bleibt.

In Tamil Nadu gab es einen *avadhūta*[1], der splitternackt umherzugehen pflegte. Wann immer Menschen an ihm vorbeigingen, pflegte er dies lautstark zu kommentieren: „Da kommt ein Hund!", oder: „Da kommt ein Esel!" Er machte diese Feststellungen entsprechend der *vāsanās* (latenten Neigungen), die bei dem jeweiligen Passanten vorherrschten. Eines Tages ging ein *mahātma* namens *Rāmaliṅga Swami* auf der Straße seines Weges. Als der *avadhūta Rāmaliṅga Swami* näherkommen sah, rief er: „Da kommt ein Mensch!" Als er dies sagte, griff er sich ein Stück Stoff, das in der Nähe auf dem Boden lag, und wickelte es um seine Taille. Der *avadhūta* betrachtete alle Menschen, denen menschliche Qualitäten wie Liebe, Mitgefühl und Freundlichkeit

[1] Ein Heiliger, dessen Verhalten sozialen Normen widerspricht.

fehlten, als Tiere. In ihrer Gegenwart hielt er es nicht für notwendig, Kleidung zu tragen. *Rāmaliṅga Swami* jedoch, welcher das Einssein mit der gesamten Schöpfung verwirklicht hatte, sah er als einen echten Menschen an. Nur in der Gegenwart eines solchen Meisters schämte er sich seiner Nacktheit. Die Geschichte gab dem *avadhūta* Recht: Am Ende seiner Tage ließ *Rāmaliṅga Swami* seinen Körper nicht auf Erden zurück, sondern verschwand in göttlichem strahlenden Licht.

Ich habe eine schöne Geschichte über den weltbekannten Violinisten Izhak Perlman gehört, der einmal ein Konzert in New York gab. In seiner Jugend hatte er Kinderlähmung, und seither benötigt der Musiker Beinstützen und geht mit Krücken. Wie gewöhnlich wartete das Publikum an diesem Abend, bis er unsicheren Schrittes seinen Weg auf die Bühne fand, dort mühevoll die Beinschienen entfernte und seine Violine auspackte. Schließlich nickte er dem Dirigenten zu und das Konzert begann.

Diesmal jedoch ging etwas schief. Mitten während der Aufführung riss eine Saite seiner Violine. Jedermann bereitete sich auf eine ausgedehnte Pause vor. Doch der Virtuose hielt nur kurz inne, schloss die Augen und signalisierte dem Dirigenten, wieder anzufangen. Das Orchester setzte ein, und er spielte an der Stelle weiter, wo er aufgehört hatte. Obwohl man annehmen würde, dass ein großes Orchesterkonzert sich furchtbar anhört, wenn das Soloinstrument nur auf drei statt auf vier Saiten gespielt wird, schaffte es der Meister dennoch, das Stück gleichsam neu zu erfinden, indem er das Werk spielte, ohne einen einzigen Missklang zu produzieren. Es war nicht dasselbe Stück, und doch war es gut – manche behaupteten sogar, es sei besser gewesen als das Original.

Als das Konzert zu Ende war, sprang das Publikum auf und applaudierte begeistert. Als die Menge sich beruhigt hatte, lächelte der Musiker und erklärte sanft: „Wissen Sie, manchmal glaube ich, es ist die Aufgabe des Künstlers, herauszufinden, wie viel Musik noch entstehen kann mit dem, wenn man die mittel gleichsam auf ein Minimum reduziert." Wäre der Musiker nur auf sein eigenes Erleben fixiert geblieben, so wäre er sicherlich durch eine erneute „Schlappe" frustriert gewesen – eine gebrochene Saite, zusätzlich zu seinen verkrüppelten Beinen. So aber konzentrierte er sich zum einen auf das, was er gelernt hatte und zum anderen auf das, was er zusätzlich tun konnte, und durch das Meistern dieser offensichtlichen Schwierigkeit brachte er etwas hervor, was schöner war als das Original.

Gemäß den Schriften des *sanātana dharma*[2] müssen der Handlungs- und Erkenntnisaspekt unserer Persönlichkeit in den Vordergrund treten, wenn wir ein wahrhaft erfolgreiches menschliches Leben führen wollen. Was wir wissen und was wir tun, diese beiden Dinge sind es, die einen guten und erfolgreichen Menschen ausmachen – viel mehr als das, was wir erleben. Eine Frau kam einmal zu Ammas *darśan* und klagte: „Amma, meine Hand schmerzt die ganze Zeit über, das macht mein ganzes Leben zu einer Qual."

Amma antwortete: „Ich verstehe, meine Tochter. Ammas ganzer Körper befindet sich in ständigem Schmerz."

Ammas Worte waren für die Frau eine Offenbarung – der Schmerz in ihrer Hand war zum Mittelpunkt ihres Lebens geworden. Amma hingegen hatte weitaus mehr Schmerz zu erdulden, doch es war klar, dass sie ihm nicht gestattete, sie in ihren Aktivitäten zu behindern oder ihre Stimmung in irgendeiner Weise zu beeinträchtigen.

Wenn wir auf Ammas Art der Lebensführung blicken, entdecken wir, dass sie ihrem eigenen Erleben *(bhoga)* keine allzu große Wichtigkeit beimisst. Vielmehr ist sie verankert im Höchsten Wissen und vollständig engagiert im Dienst an der Welt. Selbst

---

[2] *sanātana dharma* ist der ursprüngliche Name für den Hinduismus. Er bedeutet in etwa „Ewiges Prinzip".

als junges Mädchen wollte sie niemals untätig sein. Während sie all ihre familiären Haushaltspflichten erfüllte, fand sie doch noch Zeit, die Nachbarhäuser zu besuchen und dort in jeder nur erdenklichen Weise zu helfen. Sie betete zu Gott: „Bitte gib mir mehr und mehr von Deiner Arbeit. Lass mir niemals die Arbeit in Deinem Namen ausgehen."

Auch heute noch lebt Amma gemäß dieser Sichtweise. Wann immer es den Anschein hat, dass das *Darśan*-Programm früh endet, tut sie alles, um es zu verlängern, indem sie den einzelnen Personen mehr Zeit widmet und beispielsweise sogar *bhajans* während des *darśan* singt. Manchmal lässt sie jemanden während eines ganzen Liedes an ihrer Schulter ruhen. Viele von denjenigen, die Amma auf ihren Reisen begleiten, sehen mit eigenen Augen, wie hart sie arbeitet ohne zu essen oder auszuruhen. Während dieser besonderen Gelegenheiten ruft Amma sogar die etwa 150 Mitreisenden zum *darśan*.

Wenn ich bei Ammas *darśan* eine große Menschenmenge erblicke, so ist mein erster Gedanke vielleicht: „Oh, heute wird es eine lange Nacht; vor dem Morgenprogramm werde ich nicht viel Schlaf finden. Wenn die Menge noch größer wird, denke ich natürlich nicht an mich selbst, sondern sorge mich um Amma. Doch sie selbst macht sich überhaupt keine Sorgen.

Auf der Nordindientour 2006 waren die Menschenmassen teilweise gigantisch – manchmal waren es Hunderttausende. Wenn man eine solche Menschenmenge sah und sich dann klarmachte, dass Amma jeden von denjenigen, die die Geduld aufbrachten, so lange zu warten, in die Arme nehmen würde, konnte man nur erschrecken. Hätten wir in ihrer Haut gesteckt, wären wir von der Bühne geeilt und mit dem nächsten Auto davongefahren. Hätte auch Amma den Erlebnisaspekt *(bhoga)* ihrer Persönlichkeit betont, hätte sie sicherlich eine ähnliche Reaktion gezeigt. Sie aber war einfach nur glücklich, so viele ihrer Kinder an einem Ort versammelt zu sehen.

Wenn Amma ihre Tour plant, kalkuliert sie niemals Zeit für ihre Erholung ein. Nach der anstrengenden zweimonatigen Nordamerika-Tour versuchen die *Swamis* vor der Rückreise zum *aśram* in Indien immer, Amma zu einer Ruhepause von einem oder zwei Tagen zu bewegen. Sie jedoch möchte direkt am nächsten Tag zurückreisen; sie sagt, dass ihre Kinder in Indien auf sie warten. Dies zeigt nur wieder, dass sie der eigenen Bequemlichkeit *(bhoga)* keinerlei Wichtigkeit beimisst.

Natürlich sagt Amma nicht, wir sollten keinerlei Freuden genießen; nur sollten sie sich im Einklang mit dem *dharma* befinden. Was wir für uns selbst wünschen, sollte anderen kein Leid zufügen. Wir können es zu Reichtum bringen und unsere Wünsche erfüllen, allerdings durch Einsatz der richtigen Mittel. Die *Taittirīya Upanishad* sagt sogar:

„Verliere niemals dein Wohlergehen aus den Augen – vernachlässige niemals deinen Wohlstand."

Die Veden enthalten viele Rituale, welche uns, richtig angewandt, dabei helfen, unsere Wünsche zu erfüllen[3]. Tatsächlich ermutigen uns die Schriften, nach Wohlstand zu streben, jedoch nicht zu eigensüchtigen Zwecken sondern so, dass wir frei sind, unseren Reichtum mit den Armen und Bedürftigen zu teilen. Den Erlebnis- oder Genussaspekt unserer Persönlichkeit dazu zu zwingen, am *dharma* festzuhalten, verlangt notwendigerweise Opferbereitschaft und Disziplin; dies wird unser Gemüt in beträchtlichem Maße läutern. Es versetzt uns in die Lage, sowohl

---

[3] Die Veden gliedern sich in zwei Teile, den *karma kanda* (Handlungs – oder Ritualteil) und den *jñāna kanda* (Erkenntnisteil), wobei der letztere mit den *Upanishads* identisch ist. Der *karma kanda* enthält Rituale, welche zum einen dazu ausersehen sind, die Wünsche des Betreffenden zu erfüllen, gleichzeitig aber auch das Interesse an Spiritualität wecken sollen. Der *jñāna kanda* ist auf die Erkenntnis *Brahman*s gerichtet.

bei den erfreulichen wie auch bei den unerfreulichen Erfahrungen ruhig zu bleiben.

Damals, während des amerikanischen Bürgerkrieges, begaben sich einige Prediger aus dem Norden zu Abraham Lincoln, um ihm bei seinem Krieg gegen die Sklaverei Mut zuzusprechen. „Herr Präsident", fragten sie ihn, „glauben Sie nicht auch, dass Gott auf unserer Seite ist?"

Lincoln antwortete: „Ich mache mir keine Sorgen darüber, ob Gott auf unserer Seite ist – ich frage mich vielmehr, ob ich auf Gottes Seite bin."

Auf Gottes Seite zu stehen bedeutet, im Einklang mit dem *dharma* zu leben. Weil Amma in der Erkenntnis des Einsseins mit *Brahman* verankert ist, bleibt sie zu jeder Zeit streng auf den *dharma* ausgerichtet, selbst unter den schwierigsten Umständen. Obwohl der *aśram* aufgrund des asiatischen Tsunamis im Jahre 2004 schwere finanzielle und materielle Verluste zu beklagen hatte, galt Ammas erste Sorge überhaupt nicht dem *aśram*. Wäre sie nicht gewesen, wären die Aśram-Bewohner mit Sicherheit angesichts der Beschädigungen und Zerstörungen überfordert gewesen – sie hätten auf die Verwüstung vielleicht eher panisch reagiert, statt überlegt zu handeln. Ammas Antwort auf all dies jedoch war unmittelbar, spontan und vollkommen. Ohne jemals irgendeine Schulung in Katastrophen- oder Krisenmanagement erhalten zu haben, zeigte sie sich der Situation in jeder Hinsicht gewachsen. Sobald die Fluten in den *aśram* hineinströmten, war es ihre oberste Priorität, zunächst einmal die Dorfbewohner auf dem Festland in Sicherheit zu bringen[4]. Danach wandte sie ihre Aufmerksamkeit den Devotees zu, dann den Aśram-Bewohnern, daraufhin den Tieren, die im *aśram* leben, und ganz am Ende sich selbst. Statt sich an einen sicheren Ort zu begeben, war sie

---

[4] Der *aśram* liegt auf einer Landzunge zwischen den Kayamkulam-Backwaters und dem Arabischen Meer.

vielmehr die letzte, die das betroffene Gebiet verließ, nachdem sie sich davon überzeugt hatte, dass alle anderen auf dem Festland in Sicherheit gebracht worden waren.

Wenn wir einen Unfall haben, werden wir unsere Aufmerksamkeit zunächst den Körperteilen zuwenden, die am meisten verletzt sind. Und da Amma ihr Selbst in allen Wesen wahrnimmt, galt ihre Sorge zuerst dem Wohlergehen derjenigen, welche die größten Verluste zu beklagen hatten. Die Tränen, die sie in den darauf folgenden Tagen vergoss, galten nicht den Verlusten, die der *aśram* davongetragen hatte sondern dem Schmerz und dem Leid der Dorfbewohner, die von der Tragödie betroffen waren. In den Schriften heißt es: „Wenn du anderen hilfst, hilfst du in Wirklichkeit dir selbst." Wenn der Erkenntnisteil (bodha) unserer Persönlichkeit voll entwickelt ist, werden wir fähig sein, diese Wahrheit deutlich wahrzunehmen – das e i n e Selbst ist in aller individuellen und kosmischen Existenz gegenwärtig. Jede unserer Handlungen wird dann dem Wohlergehen der Welt dienen.

Am Anfang mag es schwierig sein, unser Selbst in allem und jedem zu erkennen. Wenn wir jedoch jede Person als Ammas oder Gottes Kind betrachten, wird es uns leicht fallen, alle Menschen als unsere Brüder und Schwestern in einer weltumspannenden Familie zu sehen. Amma sagt: „Für einen Babysitter mag es eine ermüdende Aufgabe sein, auf ein kleines Kind aufzupassen; doch für die Mutter ist es eine Freude." Wenn wir diese Haltung verinnerlichen können und jedermann als zu uns gehörig betrachten, wird jede unserer Handlungen ihren eigenen Lohn in sich tragen, und wir vermögen Licht in das Leben all derjenigen zu bringen, denen wir begegnen. Es sind nicht nur die anderen, die davon Nutzen tragen. Amma bemerkt dazu: „Wenn wir Blumen verschenken, so sind zuerst wir es, die uns an ihrem Duft erfreuen." Ähnlich verhält es sich, wenn wir unsere eigenen Vorlieben opfern, um andere glücklich zu machen. Wir erfahren dann eine weitaus tiefere Freude, einen tieferen Frieden, als es uns möglich wäre, wenn wir unsere selbstsüchtigen Wünsche erfüllten. Dies ist keine bloße Binsenweisheit. Hier ist das Grundprinzip spiritueller Wissenschaft am Werk. Solche Handlungen lassen unsere geistige Reinheit zunehmen, welches wiederum unserem Geist ermöglicht, die innere Seligkeit des Selbst besser widerzuspiegeln.

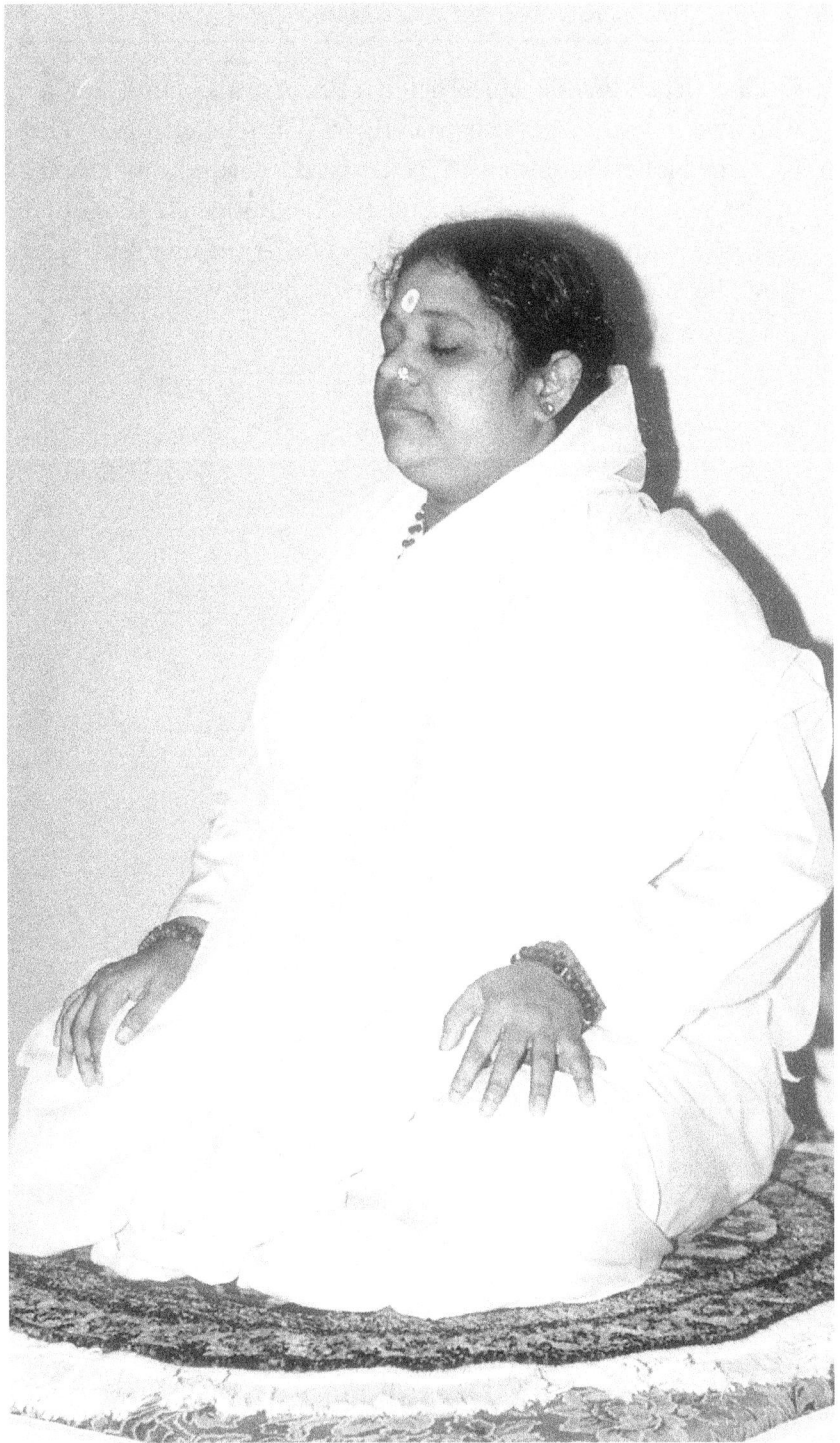

KAPITEL 4

Fokussiert auf das Selbst

„Yasya Brahmani ramate cittam nandati nandati nandatyeva"

"Wer auf Brahman gerichtet ist, ist selig, selig, voller Seligkeit."

Bhaja Govindam, 19

Es gibt eine Geschichte von einem *mahātma*, dem von einem seiner Devotees ein äußerst kostbarer Smaragd geschenkt wurde. Schnell verbreitete sich die Nachricht, dass er diesen wertvollen Stein bekommen habe, und bereits nach kurzer Zeit erschien ein Dorfbewohner bei dem *mahātma* und bat ihn darum, ihm bei seinen finanziellen Problemen zu helfen. Zur großen Überraschung der anderen Dorfbewohner überließ der Weise ihm den kostbaren Smaragd ohne das geringste Zögern. Der Mann war von Frede überwältigt. Doch schon am nächsten Tag kehrte er zu dem *mahātma* zurück. Er sah erschöpft und bekümmert aus. Nachdem er sich vor ihm niedergeworfen hatte, gab er dem Heiligen den kostbaren Edelstein zurück. „Was ist das Problem?", fragte dieser. „In der letzten Nacht habe ich keine Sekunde Schlaf finden können", erklärte der Mann. „Ich dachte bei mir: Wenn der *mahātma* bereit ist, einen solch kostbaren Edelstein im Handumdrehen wegzugeben, muss er etwas besitzen, was noch viel wertvoller ist." Der Mann fuhr fort: „O, heiliger Mann, bitte gebt mir Euren Schatz, der es Euch erlaubt, diesen Edelstein so leichthin wegzuschenken!"

„Bist du wirklich interessiert?" fragte ihn der Weise, „bist du gewillt, diesen Schatz zu gewinnen, was auch der Preis dafür sein möge?"

Als der Dorfbewohner die Frage bejahte, nahm der *mahātma* ihn als Schüler an und belehrte ihn über spirituelle Wahrheiten. Wenn wir wirklich an dem unschätzbaren Reichtum spiritueller Erkenntnis interessiert sind, ist Amma bereit, ihn uns zu geben. Unglücklicherweise jedoch fühlen die meisten von uns sich nicht gedrängt, diesen verborgenen Schatz aufzuspüren. Eher sind wir darauf ausgerichtet, uns mit dem billigen Plunder unmittelbaren Genusses, welchen die Welt uns bietet, zu begnügen. Oft erwähnt Amma folgendes Bespiel: Wenn man einem Kind die Wahl lässt zwischen einer Schale voller Schokolade und einer Schale voller Goldmünzen, wird es sich für die erstere entscheiden. Es weiß nicht, dass es die Goldmünzen dafür verwenden könnte, jede Menge von Schokolade zu kaufen – und noch vieles andere mehr.

In den heiligen Schriften des Hinduismus gibt es folgendes Sprichwort: „Wer das Ewige zugunsten des Vergänglichen verleugnet, verliert das Ewige, und auch das Vergängliche bleibt ihm nicht." Wenn wir unsere gesamte Zeit darauf verwenden, nach Ruhm, Ehre und Reichtum zu streben, verlieren wir die Gelegenheit, das wahre Selbst zu erreichen. Am Ende aber wird alles, was wir in dieser Welt erlangt haben, unsere Besitztümer sowie die uns nahe stehenden Personen, von uns gehen – hierin haben wir keine Wahl. Die einzige Wahlmöglichkeit, die wir besitzen, ist die, das Beste aus unserem Dasein zu machen, um unsere wahre Natur zu verwirklichen. Kürzlich wurde Amma von einem Journalisten gefragt: „Sie haben es im Leben so weit gebracht. Von einem unbekannten Mädchen aus einem unbekannten Dorf haben Sie sich zu einer der international am meisten geachteten spirituellen und charismatischen Persönlichkeiten entwickelt. Was empfinden Sie, wenn sie auf Ihr Leben zurückblicken?"

Amma antwortete: „Ich schaue niemals zurück. Ich schaue immer nur auf mein Selbst." Das heißt natürlich nicht, dass Amma sich buchstäblich im Spiegel betrachtet, sondern dass sie weder Reue in Bezug auf die Vergangenheit empfindet, noch Angst hat vor dem, was die Zukunft bringen mag – denn sie ist immer auf das höchste Bewusstsein gerichtet, welches man auch den *Ātman* oder das Selbst nennt. Dies ist nämlich unsere wahre Natur.

Wenn wir auf die äußere Welt gerichtet sind, werden wir von den Veränderungen in Mitleidenschaft gezogen, die in ihr stattfinden. Alles in der äußeren Welt unterliegt dem Gesetz des Wandels und der Zerstörung. Wenn wir jemanden bzw. etwas verlieren, wenn sich etwas verändert oder zerstört wird, erfahren wir Ärger, Kummer, Enttäuschung oder andere negative Emotionen. Das Selbst hingegen bleibt unveränderlich. Es ist alldurchdringend, allmächtig und allwissend. Wenn unser Geist (*manas*) auf den *Pāramātmān* oder das höchste Selbst gerichtet ist, sind wir vollkommen zufrieden und können nichts anderes als Glückseligkeit erfahren.

Egal, wie die Umstände auch sein mögen, Amma ist immer gelassen und unbeeinflusst. Die meisten von uns sind ziemlich umgänglich, solange die Dinge unseren Wünschen gemäß laufen. Sobald sich aber ein Hindernis einstellt, verlieren wir unseren Geistesfrieden. Um das an einem einfachen Beispiel klar zu machen, können wir uns unseren Gemütszustand vorstellen, wenn wir zum Flughafen kommen und feststellen, dass der Abflug unserer Maschine verschoben worden ist. Selbst wenn wir eigentlich keinen dringenden Termin haben, werden wir schrecklich unruhig. Wir können uns nicht einmal auf das dort laufende Fernsehprogramm konzentrieren. Alle zehn Minuten gehen wir zum Ticketschalter, und in der Zwischenzeit laufen wir auf und ab, rufen unsere Familie an und bemitleiden uns zusammen mit den anderen Passagieren, die ebenfalls von der Verspätung betroffen sind.

Ich habe folgende Geschichte gehört: Nachdem ein Flug wiederholte Male verschoben worden war, waren die Passagiere in der Flughafenhalle müde und ausgelaugt. Die Flugzeug-Crew versuchte Humor zu bewahren, doch als man endlich zum Start bereit war, fasste einer der Bediensteten die Gemütslage so zusammen: „Wir sind nun bereit für die Abfertigung des Fluges Nr.128. Wir werden zuerst folgende Personen abfertigen: Allein fliegende Kinder, Familien mit Kindern und Leute, die sich wie Kinder benehmen."

Ammas Reaktion auf eine solche Situation ist hingegen ganz anders. Auf ihrer Nordamerika-Tour 2006 wurden mehrmals Flüge verschoben. Anstatt sich jedoch zu beklagen oder verzweifelt die Hände zu ringen, reagierte sie überaus ruhig und gelassen. Sie nutzte die Zeit, um neue *bhajan*s einzustudieren, sich nach dem Gesundheitszustand der mit ihr reisenden Devotees zu erkundigen, unterwies ihre Schüler in spirituellen Angelegenheiten und rief sich lustige Vorfälle, die sich während des *darśan* zugetragen hatten, ins Gedächtnis zurück. Bei diesen Gelegenheiten fühlte sich Amma überhaupt nicht gestört durch den äußeren Umstand der Flugverspätung – und die Devotees, die mit ihr reisten, waren dankbar dafür. Einmal geschah es, dass der Abflug einer Maschine um zwei Stunden verschoben wurde. Einige Devotees, die frühere Flüge gebucht hatten, waren verzagt, weil sie Amma nicht alleine lassen wollten. Eine Frau betete sogar inbrünstig dafür, dass ihr Flug ebenfalls verschoben werden möge. Das nächste Mal, als sie an der Anzeigetafel nachschaute, stellte sie fest, dass auch ihr Flug auf unbestimmte Zeit verschoben worden war. Als sie dies sah, sprang sie vor Freude auf und lief gleich zu Amma, um ihr die gute Nachricht zu erzählen und für ihren Segen zu danken. Wäre Amma nicht dagewesen, hätten dieselben Leute sicherlich genauso unruhig und ungehalten wie jeder andere Betroffene reagiert und sogar von der Fluggesellschaft die Rückerstattung des Flugpreises verlangt. Weil sie sich jedoch dort aufhielt, wurde es für die Devotees zu einer freudvollen Erfahrung.

Es gibt natürlich extremere Beispiele, wo Amma und ihre Tour-Gruppe ernsten Notfällen ausgesetzt waren. Wenn man sich aber solche Vorfälle genau anschaut, stellt man fest, dass Amma niemals von Unruhe oder Furcht ergriffen wird, wie ernst die Schwierigkeiten auch immer sein mögen.

Vor sechzehn Jahren, im August 1990, als Amma Moskau besuchte, fand ihr erstes Abendprogramm in einer ziemlich kargen Halle statt. Wie gewöhnlich gab es einen Bücherstand, doch als Amma die große Armut der Menschen sah, die gekommen waren, um sie zu sehen, gab sie die Anweisung, dass alles aus dem Bücherstand umsonst an die Anwesenden verteilt werden sollte.

Irgendwann, während des morgendlichen *darśan*, bemerkten wir, dass Panzer durch die Straßen rollten. Als wir zum Haus der Devotees, bei welchen Amma wohnte, zurückkehrten, erfuhren wir, dass es einen Staatsstreich gegeben hatte, dass Gorbatschow unter Hausarrest stand und der Flughafen sowie die Hauptstraßen gesperrt worden waren. An allen Kreuzungspunkten der Stadt hatte die Regierung Panzer stationiert und es gab einen großen Ring von Panzern um den Kreml herum. Er war stadtauswärts gegen mögliche Widersacher gerichtet.

Zunächst waren viele von uns, die mit Amma dorthin gereist waren, besorgt, und die russischen Devotees im Haus kamen weinend zu ihr, ganz von Furcht erfüllt vor der Möglichkeit eines großen Bürgerkrieges. Amma selbst jedoch war ruhig. Sie sagte den einheimischen Devotees und uns Mitreisenden, man sollte sich keine Sorgen machen; alles würde in Ordnung kommen.

Bald wurde klar, dass Ammas Worte sich bewahrheitet hatten. Der Flughafen wurde am nächsten Tag wieder geöffnet und nur wenige Personen waren bei dem versuchten Staatsstreich, der den relativ friedlichen Zusammenbruch des Kommunismus beschleunigte, verletzt worden. Einer von Ammas russischen Devotees kommentierte später: „Ammas Kommen symbolisierte die Öffnung und Heilung Russlands. Ihre Anwesenheit in Russland erlaubte es den Menschen, ihr Herz zu läutern, an sich selbst zu glauben und sich mutig für die Wahrheit einzusetzen. An diesem Abend informierten die russischen Devotees Amma, dass es nicht möglich sei, das öffentliche Programm wie geplant abzuhalten. Obwohl alle Nachbarhäuser verschlossen und deren Fensterläden verriegelt waren, da die Bewohner um ihr Leben fürchteten, bat Amma ihre Gastgeber, die Türen ihres Hauses aufzulassen, so dass jeder, der Amma noch sehen wollte, die Gelegenheit dazu bekommen würde. Das Programm des nächsten Tages wurde ganz informell im Hinterhof der Gastgeber abgehalten. Viele Russen kamen an diesem Tag zu Amma, um Trost und Führung zu erhalten und in ein *mantra* eingeweiht zu werden. Obwohl Panzer durch die Stadt rollten, war doch in Ammas Gegenwart die Gefahr des Augenblicks weitgehend vergessen.

Weil sie nicht von Furcht und Spannung überwältigt war, vermochte sie ein Quell des Friedens, der Orientierung und den russischen Devotees eine Zufluchtsstätte zu sein, dies alles in einer Situation, die unter anderen Umständen zu ihren schwärzesten Stunden hätte werden können. Selbst inmitten eines solchen Tumultes blieb Amma ruhig, friedvoll und fest verankert im Frieden des unwandelbaren Ātman.

Man kann die Idee, immer auf den Ātman ausgerichtet zu sein, gut verdeutlichen durch die Metapher des Anschauens eines

Filmes. Nachdem wir ihn gesehen haben, fühlen wir uns vielleicht traurig, erhoben, gelangweilt, belebt oder inspiriert, entsprechend dem Inhalt des Films. Doch in Wirklichkeit haben w i r nichts getan. Alle Handlung spielte sich vielmehr auf der Leinwand ab. Die Veränderung in unserem Gemüt wurde nicht durch das Agieren selbst herbeigeführt sondern durch unsere Identifikation mit den handelnden Charakteren des Films. Ebenso ist auch das wahre Selbst keinesfalls betroffen von dem, was in der Welt vorgeht. Es b e z e u g t einfach nur alles, was geschieht. Tatsächlich sind wir in keinerlei Handlungen involviert. Unser wahres Selbst gleicht eher der Leinwand als den Charakteren des Films. Weil wir uns jedoch mit Körper, Gemüt und Verstand identifizieren, fühlen wir uns bei Erfolg freudig erregt und angesichts eines Fehlschlages deprimiert.

Wenn wir vermeiden wollen, durch den Film beeinflusst zu werden, müssen wir uns die ganze Zeit über mit der Leinwand „identifizieren", d.h. unsere Aufmerksamkeit auf sie richten. Ebenso müssen wir lernen, unsere Identität mit dem *Ātman* statt die mit den körperlichen, mentalen oder intellektuellen Hüllen wahrzunehmen, wenn wir das Auf und Ab des Lebens überwinden wollen. In diesem Wandel der Einstellung – von der Erscheinung zur Wirklichkeit, vom Zeitlichen zum Ewigen – besteht das Geheimnis inneren Friedens. Das macht den Unterschied zwischen spirituellen Meistern und uns selbst aus; wohin auch die Meister blicken, immer nur sehen sie das höchste Bewusstsein oder ihr eigenes wirkliches Selbst – unteilbar, vollkommen und ganz.

Natürlich wird niemand behaupten, es sei ein Leichtes, sich auf den *Ātman* auszurichten, der sich jenseits aller Attribute *(nirguna)* befindet. Ammas Kinder empfinden es oftmals leichter, sich auf Amma und auf all die kostbaren Erinnerungen, an all die Situationen, welche sie durch jegliche Form des Kontaktes mit ihren Devotees erzeugt, zu fokussieren. Da sie vollständig mit dem *Ātman* identifiziert ist, bedeutet das Sich-Ausrichten auf Amma gleichzeitig das Sich-Ausrichten auf das Selbst oder Gott. Diese Brücke zum Gottesbewusstsein ist eines von Ammas größten Geschenken an ihre Kinder.

Auf den *Ātman* fokussiert zu sein bedeutet jedoch nicht, einfach mit geschlossenen Augen in einer Ecke zu sitzen. Nach dem Tsunami verbot Amma den *brahmacāris* sogar, sich zur Meditation hinzusetzen, wenn es ihnen stattdessen möglich war, zu arbeiten, um die Trümmer in den Dörfern fortzuräumen oder mitzuhelfen, Häuser für Tsunami-Opfer zu bauen. Amma sagt: „Wirkliche Meditation bedeutet, Gott oder das wahre Selbst in der gesamten Schöpfung wahrzunehmen."

❀

KAPITEL 5

Sein, Wissen, Wonne

*„Von dem Augenblick an, da man Gott erkannt hat, bleibt
man für alle Ewigkeit verankert in höchster Seligkeit.*

– Amma

Ein Reporter führte einmal ein Interview mit einem Mann, der gerade hundert Jahre alt geworden war.nachdem er ihm einige Fragen über das Geheimnis seiner Langlebigkeit gestellt hatte, ergriff der Reporter die Hand des Alten und sagte in feierlichem Ton: „Nun, Sir, ich hoffe, ich werde Gelegenheit haben, Ihnen auch im nächsten Jahr zu Ihrem Geburtstag zu gratulieren."

Der Jubilar antwortete: „Warum denn auch nicht? Sie sehen doch aus wie das blühende Leben!" Trotz seines fortgeschrittenen Alters lehnte der alte Mann es ab, die Möglichkeit, er könne eines Tages sterben, auch nur in Betracht zu ziehen.

Unabhängig von Kultur, Geschlecht, sozialem Status oder anderen oberflächlichen Unterschieden suchen alle Menschen im Grunde nach drei Dingen im Leben. Zunächst einmal wollen wir, dass unser Dasein solange wie nur möglich andauert: einige von suchen sogar nach Wegen, den Tod zu überlisten. Die Pharaonen in Ägypten nahmen große Mühen auf sich, um sicherzustellen, dass ihre Körper vollständig erhalten blieben und sie im „dort drüben" reichlich zu essen hatten. Selbst lebende Sklaven standen zur Verfügung, um ihnen im Jenseits Gesellschaft zu leisten. Heutzutage gibt es manche, die, konfrontiert mit der Aussicht ihres bevorstehenden Ablebens, sogar die Möglichkeit ins Auge fassen, sich einfrieren zu lassen. Sie hegen die Hoffnung, man werde sie eines Tages auftauen, wenn zukünftige Wissenschaftler ein Heilmittel gegen ihre Krankheit gefunden haben und die technologischen Voraussetzungen existieren, ihren Körper wiederzubeleben.

Außerdem wollen wir alle unsere Erkenntnis erweitern. Das bedeutet, dass wir uns wünschen, über immer mehr Dinge, Menschen und Orte Kenntnis zu erlangen. Natürlich will nicht jeder einen Magister-Abschluss machen, doch selbst diejenigen, die nicht nach höherer Bildung streben, finden Mittel und Wege, mehr über die Welt zu lernen, sei es durch Reisen, Fernsehen, Google oder den Klatsch in der Nachbarschaft.

Mehr als alles andere aber wünschen wir uns Glück. Immer wollen wir in einem freudigen Zustand sein. Dieses grundlegende Bedürfnis ist der Antrieb für alle unsere täglichen Aktivitäten – von den profansten Dingen bis zum ehrgeizigsten Projekt. Nur wenn ein Mensch zu der Überzeugung gelangt ist, dass Glück absolut jenseits seiner Reichweite liegt, wird die Aussicht auf einen frühen Tod erträglich oder sogar wünschenswert erscheinen.

Auf der Basis dieser drei fundamentalen Lebensziele – Langlebigkeit, Erkenntnis und Glück – nehmen unsere Hoffnungen und Erwartungen Gestalt an, nicht nur im Hinblick auf uns selbst sondern auch auf diejenigen, die uns nahe stehen. Wenn die Dinge nicht unseren Erwartungen gemäß laufen, sind wir sofort von Kummer ergriffen. Im Laufe der Zeit lernen wir dann, dass wir weder Menschen, Orte oder Dinge kontrollieren noch ein Resultat erzwingen können, das auf Hoffnungen und Wünschen gegründet ist.

Wir alle kennen die vielen Tragödien, die sich in den letzten Jahren ereignet haben. Amma hat sie oftmals auf folgende Weise kommentiert: „Macht euch keine Sorgen – das Leben ist wie ein Tsunami." Diese Aussage mag zynisch oder pessimistisch klingen, aber in Wirklichkeit ist sie einfach nur realistisch. Sie meint damit, dass wir uns nicht darum kümmern sollen, ob wir einmal alles verlieren werden, was uns lieb und teuer ist – tatsächlich w e r d e n wir es verlieren, und zwar mit absoluter Gewissheit. Wenn wir fähig sind, es als Teil der natürlichen Ordnung zu begreifen, anstatt uns aufgrund dieser unvermeidlichen Realität zu ängstigen, können wir viel unnötige Qual vermeiden.

Es ist eine Tatsache, dass sich alles in der Welt in beständigem Fluss befindet; nichts bleibt auch nur für einen Augenblick ein und dasselbe. Das Jahr durchläuft die wechselnden Jahreszeiten, der menschliche Körper durchläuft Kindheit, Jugend, Erwachsenen- und Greisenalter. Ohne beständige Instandhaltung platzt eine Straße auf; Gras und Unkraut wachsen aus ihr empor. Selbst Berge zerfallen am Ende zu Staub, wenn nur genug Zeit vergeht.

In Ānanda Vīdi, einem von Amma komponierten Lied, in dem sie ihre persönliche Erfahrung der Gottesverwirklichung beschreibt, heißt es: „Wie viele unverhüllte Wahrheiten gibt es, um den Kummer der Menschheit zu beseitigen!"

Die unbestreitbare Tatsache des nahe bevorstehenden Wandels und Verschwindens aller Dinge ist überall in der Welt um uns herum offensichtlich, und doch verschließen die meisten von uns die Augen vor dieser Realität und ignorieren es starrköpfig.

Obwohl wir die altbekannte Redewendung kennen: „Du kannst es nicht mit dir nehmen", horten wir soviel Geld wie nur möglich, sogar bis zur Stunde unseres Todes. Amma erzählt folgende Geschichte.

Einmal verbrachte eine große Gruppe von Patienten, die alle an einer unheilbaren Krankheit litten, ihre letzten Tage zusammen in einem Hospiz. Weil sie wusste, dass für einige von ihnen das Ende unmittelbar bevorstand, beschloss eine Krankenschwester, mit ihnen ein Gruppengebet abzuhalten. Sie wies sie an, mit gefalteten Händen folgendermaßen zu beten: „Lieber

Gott, vergib mir all meine Sünden. Nimm meine Seele an und schließe mich in deine Arme."

Einer der Patienten faltete jedoch seine Hände nicht zum Gebet, sondern hielt seine Faust fest verschlossen. Noch bevor das Gebet beendet war, stürzte der Mann vornüber und tat seinen letzten Atemzug. Als er starb, öffnete sich langsam seine geballte Faust; in ihr befanden sich drei Münzen. Er war ein Bettler gewesen und hatte an dem Gebet deswegen nicht teilgenommen, weil er fürchtete, dass die Münzen verloren gehen würden, wenn er die Faust öffnete. Natürlich ist nichts falsch daran, Geld zu verdienen und sicherzustellen, dass wir für unsere Zukunft vorgesorgt haben, doch in der heutigen Welt können wir Menschen beobachten, die nicht nur für ihre eigene sondern sogar für die Zukunft von Generationen Vorsorge treffen. Amma sagt, wenn solche Menschen ihr Herz öffnen und ihr Glück mit den Bedürftigen teilen würden, könnten Hunger und Armut von der Erde verschwinden.

Letzten Endes wird uns das Verständnis der Vergänglichkeit aller Dinge dazu inspirieren, nach innen zu schauen. Sobald wir einsehen, dass unsere eigentlichen Ziele, nämlich ewiges Leben, unendliche Erkenntnis und immerwährendes Glück in der äußeren Welt unerreichbar bleiben, beginnen wir unsere Wahrnehmung zu verlagern und suchen nach diesen Zielen im Inneren. Die Schriften des sanātana dharma beschreiben unser eigentliches Selbst als saccidānanda oder Sein-Wissen-Wonne. Tatsächlich ist der Ātman das Ziel aller Ziele, welches von allen Lebewesen gesucht wird. Die Frage ist nur, ob man diese Suche direkt oder indirekt in Angriff nimmt.

Die obige Beschreibung des Selbst ist weder willkürlich, noch entspringt sie einem blinden Glauben. Die alten Weisen Indiens schauten nach innen und erkannten ihre innerste Natur. Sie sprachen aus eigener unmittelbarer Erfahrung, und ihre

Beschreibungen können selbst von unserem eigenen begrenzten Bewusstseinszustand aus bestätigt werden. Wir wollen uns einmal jede der drei Definitionen des Selbst genau anschauen. Zunächst einmal wissen wir, dass wir hier und jetzt existieren. Wir mögen die Existenz Gottes bestreiten, doch niemand wird seine eigene Existenz in Zweifel ziehen. Etwas kann nicht aus nichts hervorgehen. Der Tisch existiert nun als Tisch, doch vorher existierte er als Baum und noch früher als Samenkorn. Das Samenkorn wiederum kam von einem anderen Baum. Wenn man fortfährt, diese verschiedenen Existenzformen zurückzuverfolgen, sieht man sich genötigt, zuzugeben, dass das Sein prinzipiellen Charakter hat; nur Name und Form ändern sich. Somit vermögen wir einzusehen, dass sat (seiend) ein unbestreitbarer Aspekt unseres wahren Selbst ist.

Der zweite Aspekt des Selbst wird beschrieben als *cit* (wörtlich „Sich-Zeigen", „Offenbarkeit". Meist übersetzt mit „Wissen" oder „Bewusstsein".) Es ist dieses Gewahr-sein, welches uns der eigenen Existenz und der der gesamten Schöpfung be-wusst werden lässt. Wie können wir wissen, dass wir Bewusstsein sind? Wenn wir in tiefen Schlaf fallen, verschwinden wir sozusagen – wir sind tot für die Welt. Wir haben keine Erinnerung, keine Wünsche und scheinen überhaupt keinerlei Erfahrung zu besitzen. Wenn wir jedoch aufwachen, sagen wir: „Oh, habe ich gut geschlafen". Doch woher wissen wir, dass wir gut geschlafen haben? Es liegt daran, dass selbst, wenn Körper, Gemüt und Intellekt schlafen, unser Bewusstsein dennoch unveränderlich bleibt. In der Tat ist *śuddha caitanya* (Reines Gewahr-Sein) der einzige konstante Faktor innerhalb der drei Zustände des Wachens, Träumens und tiefen Schlafens. Während der ersten beiden Zustände ist das Bewusstsein* der Gegenstände – d.h. der Namen und Formen – gewahr; im Tiefschlaf jedoch ist es sich ihrer Abwesenheit bewusst.

Der dritte Aspekt unseres Selbst wird *ānanda*, Wonne oder Seligkeit genannt. Wenn man ihnen die Gelegenheit böte, würden die meisten Menschen so viel wie möglich schlafen wollen. Das liegt daran, dass das Gemüt (*manas*) während der Tiefschlafphase nicht arbeitet und wir Seligkeit erfahren. Es deutet darauf hin, dass unsere eigentliche Natur – wenn sie weder durch Gedanken, Gefühle, Wünsche noch Ängste überlagert wird – Seligkeit und Freude ist. Ebenso wie die Oberfläche eines ruhigen Sees den Mond reflektiert, so fühlen auch wir uns glückselig, wenn unser Gemüt ruhig und still wird, wenn unsere Gedanken und Wünsche verschwinden.

In der *Brihadāranyaka Upanishad* heisst es:

Sa hovaca, na vā are patyuḥ kāmāya patiḥ priyo bhavati –
Ātmanastu kāmāya patiḥ priyo bhavati;
na vā are jāyāyai kāmāya jāyā priyā bhavati –
Ātmanastu kāmāya jāyā priyā bhavati. (2.4.5.)

"Er sagte: ‚Nicht um des Gatten willen ist einem der Gatte lieb
um des Selbst willen ist einem der Gatte lieb;
nicht um der Gattin willen ist einem die Gattin lieb -
um des Selbst willen ist einem die Gattin lieb.'"

Dies klingt vielleicht ziemlich hart, aber wenn wir das Gesagte genauer untersuchen, wird die darin zum Ausdruck kommende Wahrheit offensichtlich. Jeder behauptet, seine Familie zu lieben, doch was passiert, wenn ein Familienmitglied uns betrügt? Der Mann lässt sich von seiner Frau scheiden, die Schwester entfremdet sich vom Bruder, die Mutter verstößt ihren Sohn. Würden wir unsere Verwandten wirklich lieben, liebten wir sie weiterhin, auch wenn sie uns schlecht behandeln und uns keine Freude mehr schenken würden.

Manchmal, wenn ein junger Mann oder eine junge Frau dem *aśram* beitritt, geschieht es, dass die Eltern der Betreffenden außer Fassung geraten, was ganz natürlich ist – hatten sie doch große Hoffnungen genährt, dass ihre Kinder sich im Alter um sie kümmern und ihnen sogar Enkel bescheren würden. Vor ein paar Jahren kamen die Eltern eines *brahmacāri*, der dem *aśram* beigetreten war, während Ammas Abwesenheit in den *aśram* und machten eine große Szene. Am Ende erklärten sie lautstark, in einen Hungerstreik treten zu wollen; sie würden nichts essen, bis ihr Sohn einverstanden wäre, nach Hause zurückzukehren und das Mädchen heiraten würde, welches sie für ihn ausgesucht hatten. Dies brachte den Mann in eine sehr schwierige Situation, denn er war um das Wohlergehen seiner Eltern sehr besorgt. Gleichzeitig empfand er jedoch, dass ein Leben des karitativen Dienstes und der spirituellen Praxis seine wahre Berufung sei. Als eine Art Kompromiss und ohne ihnen etwas davon zu erzählen, begann er ebenfalls zu fasten. Solange sie nichts essen würden, so schwor er sich, würde auch er nichts essen. Nach zwei Tagen jedoch, als es offensichtlich wurde, dass der junge Mann seine Meinung nicht ändern würde, nahmen seine Eltern ein herzhaftes Frühstück zu sich und bestiegen den nächsten Zug nach Hause. Später besuchte der Junge seine Eltern; er tat sein Bestes, um sie zu trösten und erklärte ihnen seinen Standpunkt, bevor er zu seinem gewohnten Leben inden *aśram* zurückkehrte.

Wenn ein Mensch oder ein Ding uns kein Glück beschert, werden wir ihm nicht einmal Interesse, geschweige denn Liebe entgegenbringen. Dies zeigt, dass wir nur das lieben, was uns Freude bringt.

Ein Mann beklagte sich einmal beim Gesundheitsamt über seine Brüder. „Ich habe sechs Brüder", sagte er, „Wir leben alle in einem Raum. Sie haben einfach zu viele Haustiere. Der eine besitzt sieben Affen und der andere sieben Hunde. Es ist furchtbar – man kann in dem Zimmer überhaupt nicht mehr atmen. Sie müssen etwas dagegen unternehmen."

„Haben Sie Fenster?", fragte der Beamte der Gesundheitsbehörde.

„Ja", sagte der Mann.

„Warum öffnen Sie sie dann nicht?"

„Was?!", rief der Mann aus, als ob dies der absurdeste Vorschlag sei, den er je gehört hätte. „Damit ich all meine Tauben verliere?"

So wie der Mann in der Geschichte sind die meisten von uns nur mehr als gewillt, die eigenen Mängel zu übersehen – wir lieben uns selbst eben bedingungslos und absolut. Daraus folgt, dass unser Selbst die Quelle bedingungslosen und absoluten Glücks sein muss.

Selbst diejenigen, die eine Art Selbst-Hass empfinden und Selbstmord-Gedanken hegen, hassen sich nicht wirklich; sie haben nur eine Abneigung gegen ihre Lebensumstände oder ihren Gemütszustand. Wenn ihre Probleme plötzlich gelöst und ihr Geist friedvoll werden würde, wären sie gewillt, weiterzuleben. Tatsächlich sagen uns die Schriften, dass das Selbst nicht nur e i n e Quelle, sondern d i e Quelle des Glücks schlechthin ist. Selbst wenn wir fühlen, dass etwas Äußerliches uns Freude schenkt, liegt es nur daran, dass wir einen Wunsch befriedigt haben und das Gemüt auf diese Weise relativ ruhig geworden ist.

Gewöhnlich suchen wir das, was uns kurzfristig Freude bereitet. Aber wie das Sprichwort sagt: „Kurzfristige Profite führen zu langfristigen Verlusten." Früher versuchten wir unser Leben mit vielen wertvollen Dingen zu bereichern, doch gaben sie uns keinen dauerhaften Frieden. Hätten sie es getan, würden wir nicht mehr weitersuchen; man würde zum Beispiel dieses Buch nicht lesen.

Im Hinblick auf die Suche nach Erfüllung in der äußeren Welt haben wir schon langjährige Erfahrung hinter uns, ob es sich nun um Beziehungen, Erfolge, Besitztümer, Wohnungen oder Urlaubsreisen handelt. E i n e Erfahrung sollte uns eigentlich genügen, um die Situation richtig zu analysieren. Wenn wir Reis kochen und wissen wollen, ob er gar ist, reicht es aus, nur ein Reiskorn zu probieren. Es ist nicht nötig, alle Reiskörner im Topf abzuschmecken.

Es gibt eine Geschichte über zwei Soldaten, die in Kriegsgefangenschaft geraten. Der eine findet sich mit seiner Gefangenschaft ab und akzeptiert es, sein Leben als Sklave seines Feindes zu verbringen. Der andere aber kundschaftet ernsthaft die Mittel und Wege zur Flucht aus, auch wenn er sich als Häftling weiter abmüht.

So wie die beiden Gefangenen in der Geschichte haben auch wir die Wahl. Die meisten Menschen gleichen dem ersten Häftling und finden sich ab mit den flüchtigen Momenten des Glücks, welche die äußere Welt ihnen gewährt, während sie weiter der Sklave ihrer Zu- und Abneigungen, ihrer Begierden und Ängste bleiben. Wir sollten stattdessen dem zweiten Gefangenen nacheifern, d.h. wir sollten unsere Aufmerksamkeit in dem Bemühen nach innen lenken, frei zu werden von Anhaftung und Feindseligkeit gegenüber Menschen und Dingen der Welt. Sobald wir den bewussten Entschluss fassen, unser Gewahrsein nach innen zu richten, entdecken wir, dass unsere drei Ziele – Sein, Wissen und Seligkeit – immer in uns gewesen sind, als unser eigenes wahres Selbst.

❀

KAPITEL 6

Ein neues Gemüt bitte!

„Wären die Tore der Wahrnehmung gereinigt,
würde sich dem Menschen alles so zeigen, wie es ist
– nämlich unendlich."

– William Blake

K ürzlich schrieb mir ein Devotee folgende Anekdote in einem Brief. Sie war als Witz gemeint, doch sie ist auch sehr lehrreich.

Es fing alles ganz harmlos an. Es war zunächst auf Partys, wo ich hin und wieder nachzudenken begann, um mich aufzulockern. Unvermeidlich kam eins zum anderen, und bald war ich mehr als nur ein Denker in Gesellschaft. Ich fing an nachzudenken, selbst wenn ich mit mir alleine war. Nachdenken wurde wichtiger und wichtiger für mich, und schließlich dachte ich zu jeder Zeit nach. Ich hatte mich einfach nicht mehr unter Kontrolle – sogar auf der Arbeit dachte ich nach. Bald hatte ich dort den Ruf eines schwierigen Denkers. Eines Tages kam der Chef zu mir und sagte: „Ich mag Sie, und es schmerzt mich, Ihnen dies sagen zu müssen, doch Ihr Nachdenken ist zu einem wirklichen Problem geworden. Wenn Sie nicht damit aufhören, auf der Arbeit nachzudenken, müssen wir uns von Ihnen trennen." Dies machte mich sehr nachdenklich.

Bei meiner nächsten Generaluntersuchung sagte mir mein Arzt, dass das schwere Nachdenken bei mir zu hohem Blutdruck führe und wenn ich so weitermachte, hätte ich vielleicht nicht mehr lange zu leben. Nun aber bin ich ein genesener Denker. Das Leben ist viel friedvoller, da ich das Nachdenken aufgegeben habe.

Man stelle sich einen Affen vor, der schon im nüchternen Zustand ein Inbegriff von Schalkhaftigkeit ist, nun aber irgendwie in einen Zustand extremer Trunkenheit geraten ist. Dann stelle man sich vor, dass derselbe betrunkene Affe bei der Ausführung all seiner Streiche von einem Skorpion gestochen wird und heulend vor Schmerz herum hüpft. Dieser volltrunkene, von einem Skorpion gestochene Affe spaziert jetzt unter einem Kokosnussbaum daher – und gerade in dem Augenblick fällt ihm eine riesige Kokosnuss auf den Kopf. Schließlich wird der von einer auf die andere Seite taumelnde Primat dann noch von einem Geist besessen. Amma sagt, dass dieses Szenario eine gute Analogie für unseren gegenwärtigen Geisteszustand darstellt, mit all unserer begrenzten Bewusstheit, gefangen in Vorlieben, Aversionen, Wünschen und Ängsten.

Mit einem solchem Geist (*manas*) sind wir nicht fähig, die Dinge zu sehen, wie sie sind. Wir sehen sie vielmehr so, wie w i r sind. Die folgende Geschichte verdeutlicht diesen Punkt:

In einem Zen-Kloster lebten einmal zwei Mönche. Einer der beiden besaß nur ein Auge. Eines Tages klopfte ein Wandermönch an die Tür und forderte den Einäugigen zu einer philosophischen Debatte heraus. Als die Disputation zu Ende war, gestand der Wandermönch seine Niederlage ein. Bevor er ging, suchte er den anderen Mönch auf, der das Oberhaupt des Klosters war, um sich von ihm zu verabschieden. Der Besucher sprach zum Klostervorsteher: „Dieser einäugige Mönch ist wirklich ein Genie. Wir hatten uns entschlossen, die Debatte schweigend zu führen. Ich begann und erhob einen einzelnen Finger – das symbolisiert den *Buddha*. Dein Bruder erhob zwei Finger, das stellt sowohl den *Buddha* als auch seine Lehre (*dharma*) dar. Ich antwortete mit drei Fingern: das deutet auf die Dreiheit von *Buddha*, *dharma*

und *sangha* (Anhängerschaft) hin. Daraufhin versetzte mir der
einäugige Mönch den Gnadenstoß und zeigte seine Faust – dies
zeigt an, dass in Wirklichkeit der *Buddha*, seine Lehre und seine
Anhängerschaft ein und dasselbe sind." Nochmals verbeugte sich
der Wandermönch und verließ das Kloster. Gerade in diesem
Augenblick kam der einäugige Mönch herein. Er war außer sich
vor Zorn. „Dieser Mönch war eine Ausgeburt an Unverschämt-
heit! Wäre er nicht unser Gast gewesen, hätte er von mir die
Tracht Prügel bekommen, die er verdient."

„Was ist denn passiert?", fragte der Klostervorsteher. Der
Einäugige antwortete: „Wir hatten uns entschieden, eine wortlose
Debatte zu führen. Das erste was er tat war einen einzelnen Finger hoch zu strecken, welches bedeutete: ‚Ich sehe, Du hast nur
ein Auge.' Aus Höflichkeit streckte ich zwei Finger nach oben,
welches sagen sollte: „Und ich sehe, Du besitzt zwei." Doch der
Halunke hatte den Nerv, nun drei Finger in die Höhe zu strecken, um mir zu sagen, dass wir also zusammen über drei Augen
verfügten. Ich verlor die Fassung und streckte ihm meine Faust
entgegen, womit ich zum Ausdruck brachte: ‚Wenn Du nicht
aufhörst, über Augen zu reden, schlage ich Dir Deine beiden
Sehlichter heraus.'"

Entsprechend ihrer entgegengesetzten Geisteshaltung inter-
pretierten die beiden Mönche die Handgesten völlig unterschiedlich.

Eines Abends hielt der *Buddha* eine Rede. In Anspielung auf
die Mönche, die sich unter dem Publikum befanden, sagte er am
Schluss: „Bevor ihr zu Bett geht, vergesst nicht die wichtigste
Sache des Tages."

Als die Mönche diese Worte hörten, dachten sie bei sich: „Wir
dürfen nicht vergessen, zu meditieren, bevor wir schlafen gehen."

Ein Dieb, welcher auch im Publikum anwesend war, deutete die Worte des Buddha jedoch in einer anderen Weise: „Der

Buddha hat Recht", dachte er. „Die späte Nacht ist die beste Zeit, um zu stehlen."

Eine Prostituierte, welche diese Worte ebenfalls gehört hatte, interpretierte sie wiederum so, dass sie versuchen sollte, in dieser Nacht ein paar Kunden zu gewinnen, die der Rede beigewohnt und sich nun auf dem Weg nach Hause befanden. Jeder nahm die Anweisung des *Buddha* in einer Weise auf, die dem Horizont seines eigenen Geistes entsprach.

Wenn in unserem Leben Probleme auftauchen, sagt Amma, versuchen wir immer, die Umstände zu ändern, doch in vielen Fällen besteht die Lösung darin, uns selbst, d.h. unser Gemüt zu ändern.

Während eines Programmes in Japan kam ein Devotee zu einem der *brahmacāris* und beschrieb ihm all die Probleme, die er mit seiner Frau hatte. Der *brahmacāri* hörte geduldig zu und machte ihm schließlich den Vorschlag, zu Ammas *darśan* zu gehen mit dem Gebet im Herzen, sie möge ihm dabei helfen, zu ehelicher Harmonie zurückzufinden.

Als er auf ihrem Schoß lag, flüsterte sie ihm auf japanisch ins Ohr: „Mein lieber Sohn, mein lieber Sohn." Doch er missverstand es und dachte stattdessen, sie habe auf Japanisch die folgenden Worte gesprochen: „Was wirst Du tun? Was wirst Du tun?"

Er dachte bei sich: „Oh, Amma, Du überlässt mir die Wahl?!" Von Erregung überwältigt platzte er in gebrochenem Englisch heraus, indem er seinen Wunsch nach einer anderen Frau zum Ausdruck brachte: „Amma, andere Frau bitte! Andere Frau bitte!"

Amma lachte herzlich darüber und zog seinen Kopf zurück in ihren Schoß. Nach dem *darśan* wurde ihm klar, dass alle seinen Ausruf gehört hatten. Das Ganze war ihm überaus peinlich.

Als er aber das nächste Mal zum *darśan* kam, sagte Amma zu ihm: „Mein Sohn, ein anderes Gemüt bitte, keine andere Frau!"

Als er ihren Ratschlag hörte, erkannte er seine Dummheit und fasste den Entschluss, sich mehr anzupassen und sich um ein Auskommen mit seiner Frau zu bemühen.

Mahātmas wie Amma sind wahrhaft glücklich und leben doch in derselben Welt wie wir. Obwohl sie denselben schwierigen Situationen ausgesetzt sind, befinden sie sich jederzeit in einem friedvollen Zustand. Als Amma ein junges Mädchen war, pflegten ihre Eltern sie, nachdem sie mit der Arbeit für die eigene Familie fertig war, zu zwölf Kilometer entfernt lebenden Verwandten zu schicken, um dort ebenfalls Hausarbeit zu verrichten. Anfänglich nahm Amma ein Boot, um das Haus der Verwandten zu erreichen, doch als ihre Eltern sich über die Kosten beklagten, entschloss sie sich stattdessen, zu Fuß zu gehen. Sie nutzte jedoch den langen Weg nicht dazu, ihr Schicksal zu bedauern, sondern hörte vielmehr auf das Geräusch der Wellen, die gegen die Küste schlugen, summte leise die Silbe *Om* oder sang sanftmütig zum Herrn. Amma sagt, das Glück, das sie auf diesen Fußwegen erfuhr, sei unbeschreiblich gewesen.

In seinen „Fünf Versen zum *Sādhana*" (*Sādhana pañcakam*) ermahnt uns der große Weise *Ādi Śaṅkarācārya*:

Ekānte sukham āsyatām

„Lebe freudvoll in Einsamkeit"

Die Einsamkeit, von welcher hier die Rede ist, meint nicht notwendigerweise physische Einsamkeit oder Isolation. *Eka* bedeutet „eins" und *ānta* bedeutet „Ende" oder „Ziel". Wenn der Geist sich ganz der Kontemplation auf den *gūru*, auf Gott oder den *Ātman* hingibt, ist er in eine Richtung fokussiert. Er wird friedvoll und entspannt. Dies ist wahre Einsamkeit.

Natürlich können wir sehr gut alleine sein, wenn niemand da ist, der uns stört; doch in einem Gemüt, welches von Gedanken und Gefühlen überfallen wird, kann es weder Frieden noch Freude geben.

Es gab einmal ein Kloster, in welchem es sehr streng zuging. Alle hatten ein Schweigegelübde abgelegt, so dass keinem zu sprechen erlaubt war. Es gab nur eine Ausnahme von dieser Regel. Alle zehn Jahre war es den Mönchen gestattet, zwei Worte zu sprechen. Nachdem seine ersten zehn Jahre vorbei waren, begab sich einer der Mönche zum Klostervorsteher. „Es sind nun zehn Jahre vergangen", sprach dieser. „Welche Worte möchtest Du sprechen?"

„Bett…hart…", sagte der Mönch.

„Verstehe", antwortete der Abt.

Zehn Jahre später kam derselbe Mönch ins Büro des Klostervorstehers. „Es sind nun weitere zehn Jahre vergangen", sagte der Abt. „Welches sind die beiden Worte, die Du zum Ausdruck bringen möchtest?"

„Essen…stinkt…", sagte der Mönch.

„Verstehe", antworte der Abt.

Weitere zehn Jahre gingen ins Land und wieder trafen Mönch und Abt zusammen. Der letztere fragte:

„Was möchtest Du nun sagen?"

„Ich gehe!", sagte der Mönch.

„Nun, mir ist auch klar warum", entgegnete der Abt. „Alles, was Du je getan hast, ist zu klagen."

Wenn unsere Haltung nicht die richtige ist, werden wir selbst unter den günstigsten Umständen niemals Frieden finden. Wenn wir andererseits die wahre Einsamkeit erlangt haben, wird unser Gemüt selbst in einem Einkaufszentrum gelassen bleiben. Das eigene Gemüt ist die Ursache unseres Leidens – und es ist auch die Ursache unseres Glücks.

Um Empfindungen von Harmonie und Brüderlichkeit zu erwecken und die heranwachsenden Künstler ihrer Schule zu inspirieren, setzte die Direktorin einer Hochschule einmal einen Preis für das beste Gemälde zum Thema Frieden aus. Nachdem sie viele Bilder erhalten und durchgesehen hatte, reduzierte sie die Auswahl auf zwei. Das eine stellte einen ruhigen See dar, in welchem sich die immergrünen Wälder in vollkommener Weise spiegelten, während im Hintergrund die schneebedeckten Berge zu sehen waren; darüber erhob sich ein blauer Himmel, der getupft war mit weichen weißen Wolken.

Das zweite Gemälde zeigte ebenfalls Berge, doch waren diese kahl und zerklüftet. Darüber war ein dunkler, furchterregender Himmel dargestellt, bedeckt mit riesigen Gewitterwolken und gezackten Blitzen. Unten, seitlich des Berges, stürzte ein Wasserfall grimmig hernieder.

Die Direktorin rief das Kollegium zusammen; sie sollten sich die beiden Gemälde ansehen und ihre Meinung darüber abgeben, welches die beste Darstellung des Friedens war. Einstimmig fiel ihre Wahl auf das erste Bild. Schließlich konnte jeder Narr sehen, dass in ihm eine friedvollere Szenerie dargestellt war. Am Ende jedoch wählte die Direktorin das zweite Bild aus. Einer der Lehrer fragte sie nach dem Grund.

„Schauen Sie doch mal genauer hin", riet ihm die Direktorin. Als er es tat, bemerkte er, dass hinter dem Wasserfall aus einer schroffen Felsspalte an der Seite des Berges ein kleiner Strauch herauswuchs. Auf diesem Strauch, ganz in der Nähe des tosenden Wasserfalls, saß eine Vogelmutter vollkommen friedlich in ihrem Nest. „Frieden bedeutet nicht, sich an einem Ort aufzuhalten, wo keinerlei Geräusche, Schwierigkeiten oder harte Arbeit existieren", erklärte die Direktorin. „Es bedeutet, sich inmitten all dieser Dinge aufzuhalten und innerlich doch ruhig zu bleiben. Das ist wirklicher Friede."

Meisterschaft über unser Gemüt zu erlangen ist nicht nur ein Mittel, um psychologisches Wohlbefinden zu erlangen – gemäß der Aussage der Schriften ist es buchstäblich eine Sache, bei der es um Leben und Tod geht. Oftmals spielt der letzte Gedanke, den unser Geist vor dem Ableben denkt, eine wichtige Rolle bei der Vorherbestimmung unseres nächsten Daseins. In der *Bhagavad Gīta* erklärt *Śrī Krishna*:

Antakāle ca māmeva smaran muktvā kalevaram
Yaḥ prayāti sa mad-bhāvaṁ yāti nāstyatra saṁśayaḥ. (8.5.)

"Und ein jeder, welcher beim Verlassen des Körpers fortfährt, allein an Mich zu denken, gelangt zur Stunde des Todes zu meinem Wesen. Darüber besteht kein Zweifel."

Amma erzählt folgende Geschichte.

Es waren einmal zwei Freunde. Der eine von ihnen war spirituell interessiert, der andere nicht. Eines Abends fand in ihrer Stadt ein *satsang*[1] über die *Bhagavad Gīta* statt. Der erste Mann wollte dort hingehen und bat den Freund, ihn zu begleiten. Der andere hatte daran wenig Interesse. Er zog es vor, einen Nachtclub zu besuchen. So ging jeder seiner Wege. Nachdem er einige Zeit beim *satsang* verbracht hatte, dachte der erste Mann: „Mein Freund lässt es sich jetzt gut gehen. Ich hätte ihn begleiten sollen."

Zur gleichen Zeit aber dachte der Mann im Club: „Warum bin ich hier hergekommen? Diese Tanzerei ist doch immer dasselbe; viel interessanter wäre es gewesen, etwas über die Gīta zu erfahren; so hätte ich zumindest ein wenig *punya* (Verdienst) ansammeln können."

Nun begab es sich, dass beide Freunde in derselben Nacht starben. Der eine, der im physischen Sinne den Nachtclub

---

[1] Wörtlich: „Zusammenkunft mit dem Sein." Die höchste Form des *satsang* ist *samādhi* oder vollständige Vereinigung mit dem Absoluten. *Satsang* kann auch bedeuten, sich in der Gegenwart eines spirituellen Meisters aufzuhalten, mit anderen geistigen Suchern in Kontakt zu treten, spirituelle Bücher zu lesen oder einem spirituellen Vortrag zuzuhören.

aufgesucht hatte, dessen Geist jedoch auf *Krishna* ausgerichtet war, fand sich im Himmel wieder. Der andere aber, welcher gedanklich im Nachtclub gewesen war, fand sich an einem weniger wünschenswerten Ort wieder. Ohne die notwendigen Anstrengungen zu unternehmen, Meisterschaft über unser Gemüt zu erlangen, werden wir nicht in der Lage sein, das Beste aus unserem jetzigen Leben zu machen, und unser zukünftiges Leben wird möglicherweise ebenfalls negativ beeinflusst werden.

Ein Mann kam einmal in die Praxis eines Psychiaters und sagte: „Herr Doktor, bitte helfen Sie mir. Ich glaube, dass ich Gott bin."

„Hmm, sehr interessant. Erzählen Sie mir, wie alles angefangen hat."

„Nun, zuerst erschuf ich die Sonne, dann den Mond, darauf die Erde und die Sterne…"

Obwohl dieser Mann natürlich in einem Wahn befangen war, ist es tatsächlich die höchste Wahrheit, dass wir alle Gott sind.

In der Taittirīya Upanishad heißt es:

So'kāmayata bahu syāṁ prajāyeyeti
Sa tapo'tapyata sa tapastaptvā ida sarvamasṛjata yadidaṁ
kiṁca tatsṛṣṭvā tadevānuprāviśat. (2.6.3)

„Er (der Ātman) wünschte bei sich: ‚Möge ich zu Vielen werden und er schuf alles, was wir wahrnehmen können. Nachdem er sie erschaffen hatte, ging er in die Schöpfung ein."

Sanātana dharma lehrt, dass einzig Gott existiert und sonst nichts.

Letztendlich, sagt Amma, ist diese Welt offensichtlicher Unterschiede eine Illusion, und wenn wir die höchste Wahrheit erreichen wollen, müssen wir das Gemüt (*manas*) vollständig hinter uns lassen, denn die Ursache der Illusion ist das Gemüt selbst.

Als auf einer von Ammas Touren die Busse mit den Devotees zwischen zwei Städten unterwegs waren, ließ sie wie gewöhnlich Halt machen, um für die Tour-Gruppe das Essen zu servieren. Nachdem alle verköstigt waren, stellte Amma einem achtjährigen Jungen mit Namen *Ramu* eine Frage: „Wo ist Gott?" *Ramu* deutete auf den Himmel. „Nein, innen", sagte Amma. „Gott befindet sich in euch." Dann zeigte sie auf die ungefähr 400 Leute, die sich um sie versammelt hatten. „Gott ist in jedem einzelnen dieser Menschen hier. Wir sollten ihnen allen dienen und sie als Verkörperungen Gottes betrachten."

Dann bat sie den Jungen, seine Vorstellung von Gott zu erklären. „Gott hat die Welt und alle Menschen erschaffen", sagte *Ramu*. „Die Welt ist nicht Gottes Schöpfung", entgegnete Amma. „Es ist Deine Schöpfung."

Voluminöse Werke wie das *Yoga Vāsishtha* wurden verfasst, um Licht auf jene tiefe Wahrheit zu werfen: das ganze Universum ist nichts anderes als eine Projektion des Geistes *(manas)*. *Ramu* stand verblüfft da. Dann blickte er nach oben in Ammas Augen und sagte schließlich wenig überzeugt: „Amma macht Scherze."

Amma sagt, dass wir alles, was wir in dieser Welt erblicken, durch unsere vorgeprägten Ideen wahrnehmen. Wir sehen die Welt durch die begrenzten Instrumente unseres Gemütes und unseres Verstandes. Daher sagen die Schriften, dass das, was wir für die Wahrheit halten, nicht die absolute Wahrheit ist, es ist nur eine relative Wahrheit, die vom Geist geschaffen wird.

In diesem Sinne, sagt Amma, halten wir die Welt für real, obwohl sie nur eine Illusion ist. Nehmen wir das Beispiel eines Tontopfes. Bevor der Topf ins Dasein gelangte, existierte der Ton bereits. Wenn der Topf herunterfällt und in Stücke zerspringt, verschwindet er als eine abgetrennte individuelle Substanz, doch der Ton, aus welchem der Topf geformt wurde, ist immer noch da. So hat der Topf keine Wirklichkeit an sich selbst; tatsächlich ist er nur Ton. Für eine gewisse Zeit hat der Ton die Form eines Topfes angenommen – seine zeitliche Natur erlaubt es lediglich, dem Topf eine relative Wirklichkeit zuzuschreiben. Weil er keine vomTon unabhängige Existenz besitzt, können wir sagen, dass er im letzten Sinne nicht existiert – er ist eine Illusion.

In dieselbe Richtung zielte Amma, als sie dem Jungen sagte: „Die Welt ist eine Schöpfung deines Geistes." Sie meinte damit, dass die Welt der Dualität eine Illusion ist, die von unserem Geist geschaffen wird. In Wirklichkeit existiert nur *Brahman*, gibt es nur das Absolute. In unserem gegenwärtigen Zustand jedoch sehen und erfahren wir in der Welt nichts anderes als Dualität.

Amma sagt, dass das, was wir die Illusion der Dualität nennen, nicht wirklich existiert – es ist wie Dunkelheit. Wir können Dunkelheit als solche nicht beseitigen und sie irgendwohin schaffen. Die einzige Möglichkeit, Dunkelheit zu überwinden, besteht darin, das Licht anzuschalten. Sobald wir das tun, verschwindet die Dunkelheit. Ebenso verschwindet die Dunkelheit der Dualität, wenn das Licht der Selbst-Erkenntnis dämmert – und dann sehen wir überall Einheit.

In der *Īśavasya Upanishad* wird über den *Ātman* gesagt:

Tadejati tannaijati tad dūre tadvatike
tadantarasya sarvasya tadu sarvasyāsya bāhyataḥ (5)

Jenes bewegt sich, Jenes bewegt sich nicht;
Jenes ist fern und Jenes ist sehr nahe
Jenes durchdringt alles und Jenes ist jenseits von allem.

Tatsächlich ist der Ātman näher als das nächste – ist er doch unser eigenes Selbst, er ist uns noch näher als das Gemüt. Er ist das Zentrum aller Lebewesen und das Substrat des gesamten

Kosmos; nichts ist näher. Aber ebenso wird gesagt, dass das Selbst ferner als das Fernste erscheint, weil es dem Unwissenden selbst in hunderten Millionen von Jahren unerreichbar bleibt. Das bedeutet jedoch nicht, dass Gott grausam wäre. Die ewige, selige Natur des Selbst ist ein Geheimnis, aber niemand hält es absichtlich von uns fern, am allerwenigsten Gott oder der guru. Es mangelt uns nur an einem Geist, der subtil genug wäre, es zu verstehen. Denjenigen, deren Geist vomEgo umwölkt ist, bleibt diese Erkenntnis genauso hartnäckig verborgen wie eine Melodie für den Gehörlosen unhörbar bleibt oder bestimmte Farben dem Farbenblinden unsichtbar sind. Es bleibt verborgen, bis jemand erscheint, der die Lehre aufnehmen kann. Amma sagt, sie wartet nur darauf, dass solche aufnahmebereiten Menschen erscheinen. Wir wollen sie nicht länger warten lassen.

❀

KAPITEL 7

Sinnlichkeit und Sensibilität: Wie man das Gemüt zügelt und nach innen schaut

„Ich habe festgestellt, dass alles menschliche Übel von einer Ursache herrührt: Der Unfähigkeit des Menschen, in einem Zimmer stillzusitzen."

— Blaise Pascal

In seinem „Stirnjuwel der Unterscheidungskraft", dem *Viveka Cūdāmani*, erklärt *Śankarācārya*:

Doṣeṇa tīvro viṣayaḥ Krishna-sarpa-viṣād api
viṣaṁ nihanti bhoktāraṁ draṣṭāraṁ cakṣuṣā'pyayam (77)

„Sinnesobjekte sind tödlicher als das Gift der Königskobra."

Das Gift der Kobra ist nur dann von Übel, wenn man es einnimmt, doch jene können schon den Tod verursachen, wenn man sie nur anblickt."

Das Gift der Königskobra ist tödlich – ein Biss dieser Schlange, und wir haben nur noch eine halbe Stunde zu leben. Doch wird gesagt, dass die Sinnesobjekte noch gefährlicher sind. Während die Kobra uns erst beißen muss, um uns zu töten, reicht bei den Sinnesobjekten schon das bloße Anschauen aus, uns zu vernichten. Wenn wir etwas sehen, was unser Verlangen weckt, wollen wir es bekommen, und in dem Versuch, es in unseren Besitz zu bringen, weichen wir vomPfad des *dharma* ab. Amma illustriert diese Wahrheit durch folgende Geschichte.

Einst befand sich ein *avadhūta* auf dem Weg zu seinem Dorf. An der Straßenseite stand ein riesiger Baum mit einem Loch im Stamm. Der Heilige beschloss, sich für eine Weile im Schatten des Baumes auszuruhen. Nachdem er ein wenig geschlafen hatte und seine Wanderung fortsetzen wollte, warf er einen Blick auf den Stamm mit dem Loch. Als er sah, was sich darin befand, sprang er auf, als ob man ihm einen harten Schlag versetzt hätte und rannte schreiend davon: „Hilfe! Gefahr, Gefahr! Ich sah *Yama*, den Herrn des Todes in jenem Baumstamm. Lauft um euer Leben!" Gerade in diesem Augenblick gingen drei Männer vorbei und fragten den *avadhūta*, was ihm widerfahren sei. Er sagte, dass Yama in dem Baum auf sie warten würde und ermahnte sie, auf keinen Fall dort hinzugehen. Doch gerade wenn uns jemand sagt, wir sollten etwas n i c h t tun, finden wir erst Recht Gefallen daran, es zu tun – so ist die menschliche Natur. Die drei Männer entschieden sich, zum Baum zu gehen und selbst nachzuschauen; sie dachten, der *avadhūta* sei möglicherweise ein wenig verrückt und fragten sich, was er tatsächlich gesehen haben mochte. Als sie in das Loch des Baumstammes sahen, erblickten sie einen Schatz von Diamanten und anderen glitzernden Edelsteinen. „Was für ein Idiot", rief einer von ihnen aus. „Er sah den Schatz und dachte, es sei der Herr des Todes. Der Dummkopf hat das Weite gesucht. Was für ein Glück für uns!"

Der Baum befand sich an der Seite einer geschäftigen Hauptverkehrsstraße; viele Leute gingen dort vorbei. Daher wählten die drei Komplizen eine Person unter sich aus – nennen wir sie A; sie sollte den Schatz bewachen und den anderen beiden Bescheid geben, wenn keiner mehr da wäre. Dann wollten sie die Beute durch drei teilen. Die anderen beiden, B und C, heckten insgeheim einen eigenen Plan aus. Sie kamen überein, A zu töten, damit sie den Schatz nur durch zwei teilen mussten. Da es spät geworden war, wurden sie langsam hungrig. B bot sich an, nach etwas Essbarem Ausschau zu halten. Auf dem Weg dorthin ging er zu A und erzählte ihm, C sei ein Gangster, welcher beabsichtige, ihn zu töten. A antwortete: „Lass es ihn nur versuchen! Ich werde ihm eine Lektion erteilen!" B ging also fort, um etwas zu Essen zu holen, doch auf dem Rückweg mischte er Gift darunter, um die anderen zu töten und den Schatz für sich zu behalten. Als er A das Essen brachte, wurde er völlig unerwartet von diesem getötet. Danach nahm A das Essen an sich und ging damit zu C. Gemeinsam aßen sie davon und starben. Einige Zeit später kam der *avadhūta* wieder vorbei und sah die drei Leichen. Wieder rief er aus: „Der Herr des Todes geht um – seid auf der Hut!"

Der bloße Anblick des Schatzes führte diese drei Männer in den Tod. Wie viele Todesfälle hat es schon gegeben aufgrund des Durstes nach materiellen Besitztümern? Dies meint *Śankarācārya*, wenn er davon spricht, Sinnesobjekte seien tödlicher als Schlangengift.

Das bedeutet nicht, dass die Sinnesorgane unsere Feinde sind; sie sind vielmehr nur das Medium, durch welche das Gemüt die Sinnesobjekte genießt. Die Augen finden keinen Geschmack am Sehen irgendwelcher Dinge; sie geben einfach nur die Information an das Gemüt weiter. In der Tat registrieren die Sinnesorgane ohne die Teilnahme des Gemütes überhaupt nichts. Wie oft waren wir in ein Buch oder ein Fernsehprogramm vertieft und hörten nicht, wenn neben uns jemand sprach! Der wahre Schuldige ist das Gemüt, es sind nicht die Sinnesorgane. Wenn wir in der Lage sind, dem Gemüt Zügel anzulegen, lassen uns die Sinnesorgane in Frieden.

Der erste Schritt, das Gemüt zu zügeln, besteht in der Bemühung, uns von den Gegenständen fernzuhalten, von denen wir wissen, dass sie uns in Versuchung führen. Amma sagt, dass es schwierig ist, auf Schokolade zu verzichten, wenn wir mit einer Handtasche voll Schokolade herumlaufen oder das Fernsehen aufzugeben, wenn wir einen Plasmafernseher in unserem Schlafzimmer stehen haben. Wenn wir uns jedoch einfach nur von den Sinnesgegenständen fern halten, während wir weiterhin an das gewünschte Objekt denken, hat das keinen großen Nutzen. Wenn wir zum Beispiel meditieren und der Geruch schmackhafter Nahrung in unsere Nase dringt, begibt sich unser Gemüt in die Küche, und wir werden uns fragen, was da wohl Köstliches zubereitet wird. Körperlich können wir nicht aufstehen und in die Küche gehen, denn wir sollen ja meditieren. Also bleibt unser Körper in der Meditationshaltung, während sich unser Gemüt in der Küche befindet. Unser Körper fastet, aber unser Gemüt feiert ein Fest. In der *Bhagavad Gīta* sagt *Śrī Krisna*:

Karmendriyāni saṁyamya
ya āste samasā smaran
indriyārthān vimūḍhātmā
mithyācāraḥ sa ucyate

„Derjenige, welcher seine Handlungen
unter Kontrolle hat, dessen Gedanken
aber immer noch bei den Sinnesobjekten verweilen,
wird ein Heuchler genannt." (3.6)

Unser Gemüt kann mit einem Wasserkessel verglichen werden, den man aufs Feuer stellt. Wenn das Wasser kocht, gießen wir etwas kaltes Wasser hinein, um es abzukühlen. Nach einer Weile kocht es erneut, und wiederum geben wir kaltes Wasser dazu. Wenn wir vermeiden wollen, alle zwei Minuten Wasser in den Topf zu gießen, sollten wir das Wasser stattdessen direkt ins Feuer schütten. In ähnlicher Weise kocht unser Gemüt aufgrund des Feuers unserer Wünsche. Wenn ein Verlangen erfüllt wird, kühlt sich das Gemüt ab – für eine Weile hat es dann Frieden, doch über kurz oder lang entsteht ein anderer Wunsch und es kocht erneut. Wünsche haben kein Ende; es kommen immer neue dazu. Die einzige Lösung besteht darin, das Wasser spiritueller Einsicht über das Feuer unserer Wünsche zu gießen. Selbst wenn es uns nicht gelingt, die Flammen zu löschen, so können wir doch auf jeden Fall die Intensität der Flammen verringern. Wenn wir verstehen, dass den Wünschen nachzugeben kontraproduktiv ist – es führt uns nämlich weg von unserem wahren Selbst – werden wir uns durch Versuchungen nicht ins Wanken bringen lassen.

In der *Bhagavad Gīta* erklärt *Krisna*:

„Was zuerst wie Nektar erscheint, erweist sich als Gift;
Was zuerst wie Gift erscheint, erweist sich als Nektar."

(18.37,38.)

Wenn unsere Sinne mit den Gegenständen unseres Verlangens in Kontakt kommen, erfreuen wir uns einen Augenblick lang an ihnen, doch diese Freude endet später in Kummer, wenn die Gegenstände sich auf natürliche Weise verändern oder verschwinden. Auf der anderen Seite haben wahrer Frieden und Glück, die aus der Zügelung des Gemütes, des Aufgebens von Wünschen und spiritueller Praxis erwachsen, einen bitteren Anfang – insofern es nämlich schwierig ist, das Gemüt zu bezähmen. Jedoch finden wir bald heraus, dass das Glück, das in der Welt zu finden ist verblasst, verglichen mit dem inneren Frieden, der aus regelmäßiger spiritueller Praxis erwächst – ganz zu schweigen von der grenzenlosen Wonne der Selbstverwirklichung.

Nachdem das Feuer heruntergebrannt ist, können wir den Topf mit Leichtigkeit von der Feuerstelle nehmen. Genau so verhält es sich, wenn unser Gemüt größtenteils frei von Verlangen ist: es wird uns dann leichter fallen, die Aufmerksamkeit von den Sinnesorganen abzuwenden und nach innen zu richten – auf den *Ātman*.

❁

KAPITEL 8

Überwindung des Begehrens

„Durch drei Methoden gelangen wir zur Weisheit:
Erstens, durch Überlegung: Diese ist die edelste;
Zweitens, durch Nachahmung: Diese ist die leichteste;
Drittens, durch Erfahrung: Diese ist die bitterste."

— *Konfuzius*

Kürzlich sah ich, wie der Sohn eines amerikanischen Devotees in einem Buch über den menschlichen Körper las. Als eine Art Quiz stellte ich ihm folgende Frage: „Woraus besteht der menschliche Körper zu etwa 70%?" Ohne auch nur eine Sekunde zu überlegen, antwortete der Junge: „Aus Coca Cola."

Tatsächlich gibt es zwei Arten des Verlangens: natürliche und konditionierte. Wenn wir durstig sind, handelt es sich um ein natürliches Verlangen. Wollen wir aber nur Limonade trinken, dann ist das ein konditioniertes Bedürfnis. Ein spirituelles Leben zu führen bedeutet, zwischen natürlichen und konditionierten Bedürfnissen zu unterscheiden und die letzteren zu transzendieren. Wenn man sie beseitigen kann, spart man eine Menge Energie, Mühe und Zeit, die für spirituelle Praxis, für Dienst an der Gesellschaft oder andere kreative Zwecke genutzt werden kann.

Kurz nachdem Amma die Details ihres Tsunami-Hilfsprogrammes bekannt gegeben hatte, befand sich ein australisches Ehepaar, das Amma bei ihrem letzten Besuch in Australien begegnet war, auf dem Weg in ein teures Restaurant, um seinen

Hochzeitstag zu feiern. Plötzlich sagte die Frau: „Liebling, wieviel wird das Essen heute Abend wohl kosten?"

„Denk nicht darüber nach, Liebes!", sagte der Ehemann. „An unserem Hochzeitstag spielt Geld keine Rolle."

„Ich dachte nur gerade nach...", fuhr die Frau fort, „...wir könnten doch heute Abend leicht 200 Dollar für das Essen ausgeben. Wie wäre es, wenn wir umkehren und zu Hause zu Abend essen?" Wir könnten es für weniger als 20 Dollar bestellen und das restliche Geld Amma für die Tsunami-Opfer schicken."

Der Mann tat, was seine Frau vorgeschlagen hatte und weil sie wussten, dass ihr kleines Opfer Amma helfen würde, die wirklich Bedürftigen zu unterstützen, genossen sie ihr einfaches chinesisches, mitgenommenes Essen mehr als jedes Hochzeitstags-Mahl vergangener Jahre. Der Mann war von der Idee seiner Frau so begeistert, dass er am nächsten Tag all seinen Arbeitskollegen davon erzählte. Am Ende der Woche konnte er einen Scheck überweisen, der nicht nur die Geldsumme umfasste, die seine Frau und er gespart hatten, sondern auch großzügige Spenden seiner Arbeitskollegen enthielt. Sie hatten sich alle dazu entschlossen, an ihrem diesjährigen Hochzeitstag ein ähnliches Opfer zu bringen.

Die leichteste Methode, unsere angewöhnten Wünsche zu überwinden, ist es, einem Meister wie Amma zu begegnen. Ich will damit nicht sagen, dass alle Wünsche sofort verschwinden, wenn man zu Amma kommt. Doch ist es die Erfahrung vieler ihrer Schüler und Devotees, dass zahlreiche eigene Wünsche einfach abfielen, als sie ihr begegneten. Ich persönlich kam zu Amma, weil ich hoffte, ihre göttliche Kraft wäre stark genug, zu bewirken, dass ich in eine andere Bank nahe meiner Heimatstadt versetzt würde. Der Hauptgrund für meinen Wunsch nach Versetzung war die Tatsache, dass ich mit der Unterbringung und dem Essen in der Stadt, in welcher ich arbeitete, nicht zufrieden war. Aber nachdem ich Amma getroffen hatte, verbrachte ich die meiste Zeit im *aśram*, obwohl es dort keine Unterbringung und nur in sehr eingeschränktem Maße etwas zu Essen gab. In Ammas Gegenwart trat das, was für mich zuvor von großer Wichtigkeit war, automatisch in den Hintergrund.

Ein junger Mann, der den Traum verfolgte, als Flugbegleiter zu arbeiten, bekam plötzlich Jobangebote von zwei verschiedenen Fluggesellschaften. Unfähig, zwischen beiden Angeboten die richtige Wahl zu treffen, entschloss er sich, Ammas Meinung einzuholen. Doch als er ihren *darśan* erhielt, stellte er ihr die Frage nicht einmal und entschied sich stattdessen, den alten Job in seiner Heimatstadt zu behalten. Diese befand sich in der Nähe des *aśram* und ermöglichte es ihm, Amma oft zu sehen und sich an den spirituellen und sozialen Aktivitäten des Math zu beteiligen. Sein lebenslanger Wunsch fiel einfach so von ihm ab – er hatte nun ein höheres Ziel.

Dies ist ein seltsames, aber weit verbreitetes Phänomen – viele von uns kommen zu Amma mit hunderten von Problemen und denken: „Wenn ich ihr von diesen Problemen erzähle, werden sie vielleicht durch ihre Gnade gelöst." Aber wenn wir dann in Ammas Nähe sind, bringen wir kein einziges Wort heraus – wir vergessen alles. In ihrer Gegenwart sind wir von der Liebe und dem Frieden erfüllt, die sie ausstrahlt. Ihre göttlichen Schwingungen machen uns zu etwas Ganzem und beruhigen uns. Die Freude, die wir in ihrer Anwesenheit empfinden, ist eine Art Vorausschau – ein winziger Einblick in die ewige Glückseligkeit, die in uns liegt und die wir erreichen können, wenn wir unsere Einheit mit Gott erkennen.

Natürlich kehren unsere Wünsche und Probleme zurück, wenn wir Ammas Gegenwart verlassen; unser Gemüt wird dann wieder unruhig. Doch vermögen wir aus der Erfahrung, die uns in ihrer Gegenwart zuteil wurde, zu lernen. Sie zeigt uns, dass allein Friede und Glückseligkeit in uns zurückbleiben – die Essenz des *Ātman* oder Gottes – wenn unser Gemüt von allen Gedanken und Wünschen befreit ist.

Der Geschmack der Glückseligkeit, den wir in Ammas Gegenwart empfangen, befähigt uns zu erkennen, dass das Glück, das aus der Entsagung der Wünschen erwächst, weitaus größer ist als dasjenige, welches wir durch deren Befriedigung erhalten.

Tatsächlich ist die Befriedigung eines Verlangens bloß der Prozess seiner Eliminierung. Wenn wir uns zum Beispiel einen Sportwagen wünschen, kaufen wir ihn und das Verlangen nach ihm verschwindet. Indem wir den Sportwagen erwerben, beseitigen wir das Verlangen nach ihm. Wenn wir dagegen einfach unsere Wünsche zum Verschwinden bringen – durch Unterscheidungsvermögen, durch Zusammensein mit einem spirituellen Meister oder indem wir etwas Höheres an die Stelle des Wunsches treten lassen – müssen wir uns nicht all den Anstrengungen aussetzen, sie zu erfüllen. Auf diese Weise spart man sehr viel Zeit und Energie. Auch ist es gut, sich darauf zu besinnen, dass es eine Unmenge von Wünschen gibt, die wir selbst dann nicht erfüllen könnten, wenn wir es mit aller Kraft wollten.

Wie bereits erwähnt existieren elementare Wünsche und Bedürfnisse – diese kann man als natürliches Verlangen bezeichnen. Entsprechend unserer Lebensweise brauchen wir vielleicht ein Auto. Als spirituell Suchende geht es aber darum, den künstlichen Wunsch nach einem Sportwagen zu überwinden. Ist unser Ziel Gottverwirklichung, erweist es sich als besser, Abstand zu nehmen von dem, worauf man eigentlich verzichten kann.

Während der letztjährigen Nordindientour ließ Amma einmal zum Mittagessen auf einem Feld halt machen, das sich oben auf einem kleinen Hügel befand. Als die Mitreisenden sich um sie versammelt hatten, stellte ein westlicher Devotee die Frage: „Amma, wenn wir einer Sache sehr stark verhaftet sind – also uns so stark mit ihr identifizieren, dass wir nicht davon loskommen – wie sollen wir uns dann verhalten?"

Amma antwortete: „Wenn Dein Verlangen stark ist und Du es unterdrückst, wird es nur mit umso größerer Kraft zurückkehren. Andererseits kommt es auch dann immer wieder, wenn wir es zwei oder drei Mal befriedigt haben. Wir sollten also nicht glauben, dass es gesättigt wird, indem wir ihm nachgeben." Amma gab das Beispiel des Verlangens nach Partnerschaft und sagte: „Selbst im Alter von hundert Jahren geht es nicht weg, und sogar wenn man heiratet, fühlt sich sowohl der Mann als auch die Frau zu anderen Personen des anderen Geschlechts hingezogen. An einem gewissen Punkt müssen wir einfach *vairāgya* (Loslösung) kultivieren." Der Mann war mit Ammas Antwort ganz offensichtlich nicht zufrieden. Tatsächlich hatte er eine spezielle Frage im Hinterkopf. „Amma, ich möchte mit meinem Boot von Amerika nach Indien segeln…dies ist ein Plan, den ich schon seit Jahren verfolge." Amma fragte ihn, wie lange es dauern würde.

„Zwischen zwei Monaten und zehn Jahren." Die friedliche Hügellandschaft erbebte vor Gelächter.

„Hat das schon mal jemand gemacht?", fragte ihn Amma. „Das ist nicht dasselbe wie eine Schiffsreise – viele Faktoren spielen dabei eine Rolle."

Der Mann bejahte die Frage. Viele Leute hätten schon ähnliche Reisen unternommen. Dann fügte er hinzu, dass er schon seit den letzten zwanzig Jahren auf dem Meer zuhause sei.

„Selbst nachdem Du zwanzig Jahre zur See gefahren bist, ist dieser Wunsch nicht verschwunden", sagte Amma. „Vielleicht solltest Du zu Gott beten: ‚Lass mich im nächsten Leben zu einem Delphin werden!'"

Wieder gab es Gelächter, doch der Mann protestierte. „Es geht darum, von dem *vāsanā* befreit zu werden. Das ist es, was ich will."

Als sie seinen ernsthaften Wunsch nach Hilfe sah, verströmte sich Ammas Mitgefühl. „Nein, indem man ein *vāsanā* erfüllt, kann man es niemals erschöpfen. Die Leidenschaftslosigkeit, die so entsteht ist lediglich *śmaśāna vairāgya* („Friedhofs-Entsagung")[1]. Ein Witwer mag sagen: ‚Ich werde nie mehr heiraten', wenn seine geliebte Frau stirbt. Doch nach einer gewissen Zeit heiratet er dann doch wieder." Amma sagte dann zu dem Devotee, wenn er die Reiseroute und alle möglichen Probleme, die auftauchen könnten, sorgfältig studiert hätte und sein Wunsch trotzdem noch stark wäre, könnte er die Reise machen. Doch stelle sie sich die Frage, was denn seiner Meinung nach an dieser Reise so besonders sei. Er gestand, dass er es eigentlich auch nicht wüsste.

Amma riet ihm, während der Reise ständig sein Gemüt zu beobachten und sich zu besinnen. Sie riet ihm, die Reise in mehrere Etappen aufzuteilen; er solle die erste Etappe hinter sich bringen und die Reaktion seines Gemütes zu prüfen; ebenso nach der zweiten und der dritten. Jedes Mal, wenn Du eine bestimmte Teilroute beendet hast, beobachte Dein Gemüt. Stelle fest, ob der Wunsch, weiterzufahren, immer noch anhält. Wenn Du weiterfahren willst, tue es. Bleibt aber der Wunsch nach der dritten Etappe immer noch bestehen, solltest Du einsehen, dass er niemals aufhören wird. An diesem Punkt mache bitte Halt."

Um die Sache abschließend zusammenzufassen, machte sie die vielleicht treffendste Bemerkung des Nachmittags: „Die Mühen, die Du für diese Reise auf Dich nimmst, könnten besser genutzt werden, um den Armen zu helfen, d.h. ihnen Nahrung und Kleidung zu kaufen und sich um ihre Ausbildung zu

---

[1] Wörtlich: „Friedhofs-Entsagung". Die Art von vorübergehendem vairāgya, die sich einstellt, wenn man einen Verbrennungsplatz aufsucht, d.h. wenn man mit dem Phänomen des Todes konfrontiert wird.

kümmern. Gehe in Dich und sehe, ob Dein Wunsch zu segeln nicht einfach eine Unartigkeit des Gemütes ist." Ammas Ratschlag an diesen geplagten Seemann kann ebensogut auf unsere eigenen Wünsche angewandt werden. Wir können sie niemals beseitigen, indem wir ihnen nachgeben; und wenn wir sie unterdrücken, springen sie zurück wie eine fest zusammengedrückte Feder. Statt unsere Wünsche einfach nur zu unterdrücken, sollten wir noble Ideen und Handlungen an ihre Stelle treten lassen; dann werden die Wünsche von selbst abfallen. Es gibt zu diesem Thema eine schöne Geschichte aus den *Purānas*. *Kubera*, der Gott des Reichtums und Anhänger Lord *Śivas*, dachte einmal bei sich selbst: „Der Herr hat die Erscheinung eines Bettlers angenommen. Da nun die Menschen jeden Tag selbstsüchtiger werden, wie ist es dem Herrn da möglich, jeden Tag Almosen zu erbetteln, die ihn doch schließlich in die Lage versetzen sollen, sich um die Welt zu kümmern? Da er zuerst an die Welt und erst an zweiter Stelle an seine eigene Familie denkt, wird sein Sohn Ganeśa vielleicht nicht genug zu Essen bekommen." Aus diesem Grund lud er Lord Ganeśa zu einem Festmahl ein. Der Sohn Śivas erschien in Kuberas Palast und sah ein riesiges Mahl vor sich aufgetischt. Kubera sprach zu ihm: „Lieber Ganeśa, bitte nimm Dir, soviel Du willst, iss Dich völlig satt." Doch bevor Kubera sich versah, hatte Ganeśa auch schon das ganze Mahl verschlungen, nichts war übrig geblieben. Immer noch hungrig, begann Ganeśa Teller, Löffel, Messer, ja sogar den Tisch zu verzehren. Als er alles, was sich im Raum befand, verschlungen hatte, schaute er zu Kubera hinüber. Etwas an dem Blick, mit dem Ganeśa ihn anschaute, machte Kubera plötzlich Angst. Hals über Kopf rannte er davon, doch Ganeśa verfolgte ihn. Er lief so schnell er nur konnte und suchte schließlich Zuflucht bei Ganeśas Vater Śiva. Er versteckte sich wirklich hinter Śiva selbst. Ganeśa stürmte heran, direkt auf jene Stelle zu, wo die beiden sich befanden. In letzter Minute streckte Śiva seinen Arm aus; in der Hand hielt er ein einziges Körnchen Puffreis. Ganeśa blieb wie angewurzelt stehen, langte mit seinem Rüssel nach dem Reiskorn und steckte es in den Mund. Sofort legte sich sein Hunger.

Wenn wir vielleicht auch empfinden, unsere Unzufriedenheit – das anhaltende Gefühl von Unvollkommenheit – sei der Fluch unseres Daseins, so ist sie doch in Wahrheit ein kostbares Geschenk Gottes. Wenn wir die Sache mit reinem Geist aufrichtig erwägen, werden wir einsehen, dass alle unsere Bedürfnisse – ebenso wie die Schläge, Enttäuschungen und Sorgen, die wir auf der Suche nach ihrer Erfüllung erleiden – uns auf Gott verweisen. Wie Jean Pierre de Caussade, ein christlicher Mönch des 17. Jahrhunderts, schrieb: „Gott lehrt das Herz nicht durch Ideen…sondern durch Schmerzen und Widersprüche."

In Wirklichkeit steht *Ganeśa* für jeden von uns, und *Kuberas* Festmahl repräsentiert alle Erfahrungen und angenehmen Dinge der Welt. Die Geschichte lehrt uns, dass der Mangel, den wir im Inneren fühlen – die Unzufriedenheit und Ruhelosigkeit – niemals durch weltliche Dinge behoben werden kann. *Śiva* steht für den *guru*, dessen Wort, Blick oder Berührung uns vollständige Erfüllung gewähren kann[2]. So wie Puffreis nicht mehr keimen kann, so bringen die Lehren und die Gnade des *guru* den Zyklus von Geburt und Tod zu seinem Ende. Nur wenn wir, angeleitet durch den Meister, die Einheit mit Gott verwirklichen, wird unser Hunger schließlich gestillt und wir werden um wahren Frieden und wirkliche Erfüllung wissen.

❁

---

[2] *Śiva*, d.h. Gott Selbst, gilt als der ursprüngliche *guru*, *Dakshināmūrti*.

KAPITEL 9

Das Leben nach dem Tod

„Der Tod ist nicht das Ende; er gleicht einfach nur dem Punkt am Ende eines Satzes. Er ist der Beginn eines neuen Lebens.

– Amma

V or ein paar Jahren kam eine Frau aus dem Westen mit ihren zwei kleinen Kindern in Ammas indischen *aśram*, um dort zu leben. Die Kinder fühlten sich instinktiv zu Amma hingezogen und hingen sehr an ihr; sie verbrachten sogar viele Stunden in ihrem Zimmer. Besonders einer der beiden Jungen hatte eine enge Beziehung zu ihr, und sie blickte oft liebevoll in seine Augen, was wie eine Ewigkeit erschien. Niemals scheute der Junge vor Amma zurück oder blinzelte auch nur, wenn sie ihn anschaute. Durch den Sohn fühlte sich auch die Mutter sehr zu Amma hingezogen. Nachdem sie jedoch ein paar Jahre dort verbracht hatten, deutete es sich an, dass sie aufgrund familiärer Probleme den *aśram* zumindest für ein paar Monate verlassen mussten. Amma schlug der verzweifelten Mutter vor, die Probleme so schnell wie möglich auszuräumen und dann umgehend in den *aśram* zurückzukehren. Diese war jedoch untröstlich. So sehr hing sie an Amma und dem *aśram*, dass sie den Gedanken an eine Trennung, und sei es auch nur für kurze Zeit, nicht ertragen konnte.

Nach einiger Zeit wurde es offensichtlich, dass zumindest ein kurzer, vorübergehender Aufenthalt in ihrer Heimat unvermeidlich war. Also buchte die Mutter für sich und die zwei Söhne den

Heimflug und versprach, so bald wie möglich zurückzukommen. Ein paar Tage nach der Abreise erhielten wir die tragische Nachricht, dass die Mutter der beiden am Tag ihrer Ankunft in ihrem Heimatland einen Herzinfarkt erlitten und sofort gestorben war. Man informierte Amma während des morgendlichen *darśan* über den Vorfall. Während des gesamten restlichen *darśan* weinte sie, ebenso in den darauf folgenden Tagen. Wann immer man sie weinen sah, sprach sie von dem furchtbaren Schmerz, den die beiden Kinder erfahren mussten. Sicherlich, Amma betont oft, dass es die Hinterbliebenen sind, die unsere Gebete am meisten benötigen, und doch fragte ich mich, warum sie nicht mehr über die verstorbene Mutter sagte. Als ich die beiden verwaisten Jungen das nächste Mal sah, erhielt ich die Antwort.

Es war während einer von Ammas Auslandstouren. Lange Zeit hielt sie die beiden Jungen in ihren Armen, küsste ihre Stirn, fuhr ihnen mit den Händen durch die Haare und streichelte ihnen den Rücken. Der ältere Junge hatte eine Frage an Amma: „Wohin ist unsere Mutter gegangen?"

„Eure Mutter ist bei mir", antwortete Amma ihm. „Sie ist für immer mit mir verschmolzen."

Zu diesem Zeitpunkt war ich Ammas Übersetzer, und wenn ich auch pflichtgetreu die genauen Worte, die sie sprach, wiedergab, so erinnerte ich mich doch eines Zitates aus den Schriften: „Nur durch *jñāna*[1] (Erkenntnis) wird Befreiung erlangt." Ich dachte bei mir: diese Frau hatte nicht den Eindruck eines *jñānin* gemacht (jemand, der *jñāna* erreicht hat). Zugleich erinnerte ich mich an eine Geschichte, die kürzlich in dem Buch „Letztendlicher Erfolg" erzählt wurde. Dort steht zu lesen, dass Amma, als sie ein junges Mädchen war, einer Ziege, die ihrer Familie gehörte, Befreiung gewährt hatte. Ebenfalls erinnerte ich mich, dass

---

[1] Wörtlich: „Erkenntnis". Hier meint *jñāna* die Erkenntnis der eigenen wahren Natur als *Brahman*, dem höchsten Bewusstsein.

der berühmte *mahātma* des 20.Jahrhunderts, *Rāmana Maharśi*, sowohl seiner Mutter als auch einer Kuh, die in seinem *aśram* lebte, *mukti* (Befreiung) gewährt hatte. Keine der beiden Seelen hatte *jñāna* erreicht, bevor sie starb. Für gewöhnliche Menschen sind die Aussagen der Schriften natürlich verbindlich: Wir können keine Befreiung erlangen, wenn wir nicht vor dem Augenblick unseres Todes unser wahres Selbst erkannt haben. *Mahātmas* sind jedoch durch die heiligen Schriften nicht begrenzt – durch die Gnade eines *mahātmas* wie Amma ist alles möglich. Einst kam ein Mann aus Tamil Nadu mit ein paar Freunden nach Amrita-puri, um Amma zu besuchen. Während des *darśan* fragte er sie: „Kannst Du mir Befreiung gewähren? Wenn ja, dann gebe mir bitte ein *mantra*."

Amma antwortete: „In Ordnung, aber nicht jetzt…Du hast in diesem Leben noch einiges *karma* zu abzutragen; komme später wieder." Nach ein paar Wochen kehrte der Mann zurück und bat Amma wieder um ein *mantra*. Sie sagte, sie würde ihm eines geben, doch wusste er nicht, dass Amma *mantra*s normalerweise nur nach dem *darśan* des betreffenden Tages vergibt. So ging er fort, ohne zu warten. Das dritte Mal, als er zu Amma kam, erhielt er dann endlich das *mantra*. Als vielbeschäftigter Firmenmanager fand er nicht viel Zeit, es während des Tages zu chanten. Doch da er auf keinen Fall die Chance verpassen wollte, das *sādhana* auszuführen, das Amma ihm verordnet hatte, sprach er das *mantra* jeden Tag nach Mitternacht und meditierte bis in die frühen Morgenstunden.

Danach entwickelte er großes Interesse, in seiner Heimatstadt in Tamil Nadu ein Programm für Amma zu organisieren. Als Auftakt zu diesem Ereignis gab ein *brahmacāri* dort einen *satsang*, um die Leute auf Ammas Besuch vorzubereiten. Als nun besagter Devotee im Begriff war, den *brahmacāri* den Leuten dort vorzustellen, chantete er ins Mikrophon: „*Om Amriteśvaryai namah, Ādi*

Parāśaktī, Amma, Akhilandeśvarī..." („Ich verbeuge mich vor der Herrscherin der Unsterblichkeit, vor der ursprünglichen höchsten Macht, vor der Mutter, der Herrin über die ganze Schöpfung.") Als er chantete, begann er vor und zurück zu taumeln. Schließlich fiel er rückwärts vom Podium. Es schien, als wäre er von seiner Hingabe überwältigt worden, und ein paar Freiwillige, die in der Nähe standen, sprangen auf, um sich um ihn zu kümmern. Als sie bei ihm waren, stellten sie fest, dass er aufgehört hatte, zu atmen. Sie brachten ihn auf dem schnellsten Wege in ein nahe gelegenes Krankenhaus, wo er gleich bei der Ankunft für tot erklärt wurde. Er war gestorben, während er Ammas Namen rezitiert hatte. Der *brahmacāri*, der bei der Veranstaltung anwesend war und den Vortrag hätte halten sollen, rief mich sofort an und bat mich, Amma zu informieren. In jenen Tagen hatten die *brahmacāris* die Gewohnheit, die *Lalitā Sahasranāmā* (die 1000 Namen der Göttlichen Mutter) als ein Gebet für die Seelen verstorbener Devotees zu rezitieren. Als ich nun Amma über den Tod des Devotees aus Tamil Nadu informierte und sie fragte, ob wir die 1000 Namen *Devīs* an diesem Abend chanten sollten, erklärte sie: „Eure Gebete sind nicht nötig – er hat sein Ziel bereits erreicht." Ich verstand, dass er im Unendlichen aufgegangen war.

In beiden Fällen wusste ich, dass ich keinen Anlass hatte, Ammas Aussagen über das Schicksal der Seele in Frage zu stellen – bin ich doch in dieser Hinsicht völlig unwissend, während Amma klar unter Beweis gestellt hat, dass sie vollkommene Erkenntnis über das Leben nach dem Tode besitzt.

Vor ungefähr fünfundzwanzig Jahren sah *Swami Pūrnamrit-ānanda* Pūri (damals Br. Śrīkumār) Amma eines Tages auf der Veranda des alten Tempels[2] sitzen und eilig etwas in ein Notiz-

---

[2] Der ursprüngliche Tempel des *aśram*, der nicht größer war als ein begehbarer Schrank. Es war der ehemalige Kuhstall von Ammas Familie, der später umgebaut wurde. Rückblickend ist es erstaunlich sich vorzustellen, dass

buch schreiben. Als er näher trat, drehte sie sich weg, versteckte das, was sie geschrieben hatte, und sagte mit ernster Stimme: „Sohn, komm mir jetzt nicht nahe!" *Swami Pūrnamritānanda* gehorchte demütig, doch seine Neugier war geweckt. Für mehr als die nächsten zwei Stunden schrieb Amma mit äußerster Konzentration weiter und füllte zwei achtzigseitige Notizbücher. Als er sah, dass Amma anscheinend zu schreiben aufgehört hatte, ging er zu ihr und sagte: „Amma, worüber hast Du geschrieben?" Ohne zu antworten stand Amma plötzlich auf und ging fort, nahm aber die Notizbücher mit sich.

Ein paar Monate vergingen. Eines Nachmittags, als er in Ammas Hütte saubermachte, fiel *Swami Pūrnamritānanda* eine Holzkiste auf, die sich unter dem Bett befand. Er öffnete sie und fand darin eben jene Notizbücher, in welche Amma mehrere Monate zuvor geschrieben hatte. Als er eines der Notizbücher öffnete und darin zu lesen begann, war er von Staunen ergriffen: In klarer und wunderbarer Prosa hatte Amma die Geheimnisse des Universums enthüllt, als ob die Antworten für alle klar zu Tage lägen. Plötzlich hörte er aus der Ferne Ammas Schritte. Schnell klappte er die Bücher zu, legte sie wieder in die Kiste und schob sie unter ihr Bett zurück.

Swami Pūrnamritānanda vergaß niemals den Inhalt besagter Notizbücher, und einige Jahre später, als ein Devotee eine Sammlung von Ammas Lehren publizieren wollte, ging er in Ammas Hütte, zog die Kiste unter dem Bett hervor und nahm die Notizbücher heraus. Plötzlich, kam Amma wie aus dem Nichts herein, riss ihm die Bücher aus der Hand und rannte damit aus der Hütte in Richtung Backwaters. Ungläubig sah er mit an, wie sie die Notizbücher zerriss, die Seiten heraustrennte, in kleine Fetzen riss und in das Wasser warf.

Amma, die inzwischen Programme in Amphitheatern und Stadien abhält, jemals in einem solch winzigen Raum *darśan* geben konnte.

Obwohl sie ihm die Bücher entrissen hatte, waren ein paar Seiten in seiner Hand verblieben. Auf diesen wenigen Seiten hatte sie die Reise beschrieben, die die Seele nach dem Tode antritt, bevor sie in anderer physischer Gestalt wiedergeboren wird. Seither hat Amma bei mehreren Gelegenheiten denselben Vorgang beschrieben. Sie sagt, dass unsere Seele bestehen bleibt, auch wenn der Körper stirbt – ebenso wie Elektrizität weiterexistiert, auch wenn die Glühbirne zerbricht. Unser Körper wird von einer subtilen Aura umgeben; so wie ein Kassettenrekorder alles aufnimmt, was wir sagen, nimmt diese Aura zu unseren Lebzeiten alle Gedanken, Worte und Handlungen auf. Nach dem Tod entweicht sie in Gestalt einer Kugel zusammen mit dem *jīva* (Einzelseele) in die Atmosphäre. Dann steigt sie in der Atmosphäre auf wie der Rauch einer Zigarette.

Die Seelen werden gemäß ihrem *karma* wiedergeboren. Als Regen oder Schnee kommen sie hernieder zur Erde und werden eins mit den Pflanzen. Die Pflanzen wiederum bringen Früchte, Gemüse und Getreide hervor. Werden diese dann von Menschen gegessen, wird die Seele in ihr Blut integriert. Das Blut wird zu Samen, und so dringt die Seele schließlich in die Eizelle ein und nimmt einen anderen stofflichen Körper an.

Diejenigen Seelen hingegen, die das Selbst verwirklicht haben, gehen im Moment des Todes im Unendlichen auf – so wie ein Tropfen mit dem Ozean verschmilzt oder wie ein zerplatzender Ballon – die Luft im Inneren wird eins mit dem Ganzen. Für eine solche Seele gibt es keine Wiedergeburt.

So wie wir einen durchsichtigen Kristall nicht sehen können, wenn er in Wasser eingetaucht ist, sind wir auch nicht in der Lage, die Seele zu erblicken. Wir können nicht sagen, dies bedeute, sie existiere nicht. In unserem Augenlid z.B. befinden sich viele Bakterien, aber auch diese können wir nicht sehen. Ebenso wie Physik, Chemie oder Geologie ist auch Spiritualität eine Wissenschaft – enthüllt durch Beobachtung und beweisbar über die Erfahrung. Da der Gegenstand der Untersuchung subtiler ist, sind auch die Instrumente, die für die Untersuchung benötigt werden, feiner. Tatsächlich sind alle spirituellen Praktiken nur Mittel, um unsere inneren Instrumente zu reinigen oder zu läutern. So wie ein schmutziger Spiegel keine klare Reflexion zulässt, sind wir nicht in der Lage, die subtile Wirklichkeit wahrzunehmen, wenn unsere inneren Instrumente von Gedanken und Wünschen umwölkt sind.

Wenn wir *antahkārana-śuddhi* (die Reinheit der inneren Instrumente) erlangt haben, offenbart sich die Wahrheit in ihrer vollkommenen göttlichen Glorie.

Ammas Beschreibung des Lebens nach dem Tode stimmt vollkommen mit den Lehren der Upanishads überein, obwohl sie die Schriften niemals studiert hat. Es wird gesagt, der Veda, von welchem die Upanishads den abschließenden Teil bilden, sei der Atem Gottes. Die mantren, aus welchen er besteht, wurden nicht von irgendjemandem erfunden – sie wurden von den rishis, den Sehern, wahrgenommen; die mantren existierten schon immer als subtile Formen im feinstofflichen Äther (ākāśa). Amma braucht die Schriften nicht zu lesen, da ihre Schau subtil genug ist, um diese Wahrheiten wahrzunehmen – für sie ist das Universum ein offenes Buch; alles was sie sagt ist in der Tat eine Upanishad.

Wir mögen uns fragen, warum Amma die Notizbücher zerrissen hat. Nur sie weiß es mit Sicherheit, doch als ich über ihr mögliches Motiv nachdachte, erinnerte ich mich an eine Geschichte aus den Puranas über Lord Śiva und seinen Sohn Skanda (Muruga), welcher durch göttliche Kraft alle Schriften des sanātana dharma memoriert hatte – einen Kanon, der viel zu umfangreich ist, als dass ihn sich ein normales vernunftbegabtes Wesen in der Zeitspanne eines Lebens aneignen könnte. Eines Tages kam Śiva zu seinem Sohn und sprach: „Da Du umfassende

Kenntnis der Schriften und aller Bereiche der vedischen Wissenschaften besitzt, bist Du auch vollkommen versiert in der Wissenschaft des jyotish (Astrologie). Bitte berichte mir, was sie über meine Zukunft sagt."

Gehorsam bereitete *Skanda* für seinen Vater eine astrologische Darstellung vor. Er schaute sie sich eine Zeit lang an, dann blickte er auf und sagte: „Du wirst zwei Frauen haben, über keinen nennenswerten Besitz verfügen und Dein ganzes Leben als heimatloser Bettler verbringen ohne einen Ort, den Du Dein eigen nennen kannst."

Nachdem er *Skandas* Vorhersage gehört hatte, sprach *Śiva* zu ihm:

„Es ist wahr, dass Du die Zukunft exakt vorhersagen kannst, aber Du weißt nicht, wie Du diese Information anderen mitzuteilen hast. Selbst wenn Du das Leben Deines eigenen Vaters beschreibst, hört es sich schändlich an. Was wirst Du dann erst zu gewöhnlichen Menschen sagen? Anstatt Deine Voraussagen in einem positiven Licht zu präsentieren, sprichst Du wahllos daher und verletzt andere mit Deinen Worten. Von nun an werden Du und alle, die die Wissenschaft des jyotish erlernt haben, nicht mehr in der Lage sein, irgendetwas mit vollkommener Genauigkeit vorherzusagen – selbst dann nicht, wenn ihr über alle korrekten Informationen wie Geburtsort, Geburtszeit sowie den Sternenkonstellationen bei der Geburt verfügt."

Śiva entzog der Menschheit die Fähigkeit, die Zukunft exakt vorauszusagen. Ebenso glaube ich, dass Amma, als sie das von ihr Geschriebene zerriss, sich dafür entschied, das vollständige Bild dvon dem, was die Welt „im Innersten zusammenhält", vor uns zurückzuhalten. Möglicherweise sind wir nicht reif genug, der Wahrheit ins Auge zu schauen. Amma sagte einmal, es sei wie mit dem Prinzen, der einwilligt, Blindekuh zu spielen. Mit der Binde über den Augen stolpert er umher und sucht nach seinen versteckten Spielkameraden. Es wäre ihm ein Leichtes, die Augenbinde abzunehmen oder seine Freunde aus dem Versteck zu rufen, wenn er nur wollte – denn er ist der Prinz und alle müssen sich seinen Wünschen gemäß verhalten. Doch das würde dem Spiel die ganze Freude nehmen.

❁

KAPITEL 10

Wie wir unsere spirituelle DNS umstrukturieren

„Sprich und handle mit unreinem Geist,
und Probleme werden Dir folgen,
so wie das Rad dem Ochsen folgt, der den Karren zieht…
Sprich und handle mit reinem Geist,
und Glück wird Dir folgen,
wie Dein Schatten, unerschütterlich."

– Dhammapada

Wir alle wissen, dass unser gegenwärtiger physischer Zustand ein Produkt der DNS ist, welche wiederum von unseren Vorfahren stammt und – abgesehen von Schädigungen durch bestimmte Umwelteinflüsse – nicht geändert werden kann. Aber nun stelle man sich einfach einmal vor, es wäre möglich, über einen bestimmten Zeitraum hinweg unsere DNS nach und nach willentlich umzustrukturieren. Natürlich würde sich unser körperlicher Zustand verändern. Für die physische DNS ist das natürlich nicht möglich, wohl aber für unsere „spirituelle DNS", was nichts anderes bedeutet, als auf unser angehäuftes *karma* aus diesem und früheren Leben Bezug zu nehmen.

Der Samen eines Mammutbaumes mag nur ein paar Gramm wiegen, doch er trägt das Potential eines 2500-Tonnen-Baumes in sich. Der Same ist das Produkt der Gesamtheit, der Essenz des Baumes – im wahrsten Sinne des Wortes in einer Nussschale. Selbst wenn wir ihn nach 1000 Jahren wieder anpflanzen, bestimmt seine DNS, dass wir erneut nur einen Mammutbaum erhalten; nie kann aus ihm ein Bananenbaum werden.

Genauso verhält es sich mit unserem *karma*, der „spirituellen DNS." Unser feinstofflicher Körper wird zur Zeit des Todes ebenfalls in Samenform zusammengefasst. Wenn die Umstände heranreifen, trägt unsere „spirituelle DNS" Früchte, ebenso wie die DNS in einem Samenkorn im Lauf der Zeit zu einem Baum heranwächst.

Als Menschen sind wir die Architekten unseres Schicksals. Dies bezieht sich nicht nur auf die individuelle sondern auch auf die kollektive Ebene. Auf einer von ihren Auslandstouren wandte sich ein junger Mann während einer Frage-Antwort-Runde mit folgendem Problem an Amma: „Überall auf der Welt erleben wir, dass uralte Kulturen und einheimische Traditionen ausgelöscht werden und vomAngesicht der Erde verschwinden. Wie kann Gott zulassen, dass das geschieht?" In ihrer Antwort sagte Amma, dass nicht Gott diese Kulturen sondern der Mensch diese Kulturen ausgelöscht hat. Gott hat uns verschiedene Talente und auch die Energie verliehen, um zu handeln; was wir mit diesen Geschenken tun, bleibt uns überlassen. Wir können Feuer benutzen, um zu kochen oder um ein Haus abzubrennen. Wenn wir die Macht des Feuers mit zerstörender Absicht gebrauchen, können wir nicht das Feuer dafür verantwortlich machen.

Es war einmal ein älterer Zimmermann, der sein ganzes Berufsleben damit verbracht hatte, Häuser zu bauen, jedoch nie genug Geld gespart hatte, um sich selbst eines zu kaufen. Nun wollte er mehr Zeit mit seinen Enkelkindern verbringen und entschied sich daher dafür, sich zur Ruhe zu setzen.

Als er seinem Arbeitgeber von den Plänen erzählte, den Beruf aufzugeben, fragte ihn der Unternehmer, ob er ihm einen persönlichen Gefallen tun und noch ein letztes Mal ein Haus bauen könnte. Der Zimmermann sagte zu, doch bereits nach kurzer Zeit war offensichtlich, dass er nicht mehr mit dem Herzen bei der Sache war. Das Ganze war eine ziemliche Pfuscharbeit, ganz abgesehen davon, dass er minderwertige Materialien verwendete. Es war die denkbar unglücklichste Art, die eigene Karriere zu beenden.

Schließlich war das Haus fertig, und der Unternehmer kam, um es zu inspizieren. Er sah überrascht aus, als er bemerkte, dass der Zimmermann eine solch schwache, für ihn ganz untypische Arbeit abgeliefert hatte, doch äußerte er nichts dazu. Stattdessen seufzte er bedauernd und händigte dem Zimmermann die Haustürschlüssel aus. „Dies ist Ihr Haus", sagte der Unternehmer, „es ist mein Geschenk an Sie." Als ihm sein Fehler klar wurde, war der Zimmermann untröstlich. Beschämt und mit hängendem Kopf nahm er die Schlüssel für sein neues Heim in Empfang.

Hätte der Zimmermann gewusst, dass er sein eigenes Haus baute, hätte er seine Arbeit mit viel mehr Ernsthaftigkeit und Sorgfalt verrichtet. Nun war es zu spät – er musste in diesem Haus wohnen, das er selbst gebaut hatte.

Ebenso ist unser heutiges Leben das Ergebnis unserer vergangenen Gedanken, Worte und Taten. Unser Leben morgen ist das Ergebnis der Entscheidungen, die wir heute treffen. Dies trifft nicht nur auf unser jetziges Leben zu sondern auf unsere gesamten vergangenen und zukünftigen Existenzen. Jede Handlung, sei sie gut oder schlecht, hat ihre Wirkung. Eine gute Tat zieht ein positives Resultat nach sich (wenn ich zum Beispiel jemandem helfe, wird auch mir eines Tages jemand helfen), und eine schlechte Tat bringt ein negatives Ergebnis, entweder sofort oder auf lange Sicht.

Ebenso wie das Gesetz der Schwerkraft ist auch das Gesetz des karma streng und unerschütterlich. Doch durch die Gnade eines mahātma, durch Glauben und ein wenig Anstrengung können wir unsere spirituelle DNS neu strukturieren und unser Schicksal verhältnismäßig günstiger gestalten als es hätte verlaufen können – auf diese Weise vermeiden wir viele leidvolle Erfahrungen.

Es gab einen Devotee, der während eines Ammas - Programms in Tamil Nadu *sevā* (selbstlosen Dienst) in der Küche machte. Als er kochendes Wasser von einem Gefäß in ein anderes schüttete, glitt seine Hand aus und das Wasser lief über seinem Arm. Sofort begannen sich auf seiner Haut Blasen zu bilden. Nachdem er erste Hilfe erhalten hatte, ging er zu Amma, um ihr zu erzählen, was geschehen war. Obwohl er es bei dieser Gelegenheit Amma gegenüber nicht zeigte, war er von diesem Vorfall innerlich doch leicht beunruhigt. Er fragte sich: „Wie konnte so etwas passieren, wo ich doch für Amma *sevā* für Amma gemacht habe?"

Eine Woche später, nachdem Amma nach Amritapuri zurückgekehrt war und der Devotee wieder zur Arbeit ging, erhielt ich einen Anruf von seiner Frau. Sie war sehr beunruhigt. In der Fabrik, wo ihr Mann arbeitete, hatte es eine Explosion gegeben, und viele Menschen waren mit schweren Verbrennungen ins Krankenhaus eingeliefert worden. Sie hatte gehört, dass ihr Mann sich unter den Schwerverletzten befand und wünschte Ammas Segen, um sicherzustellen, dass alles gut gehen würde. Nicht lange danach jedoch rief sie wieder an, um mitzuteilen, dass sich ihr Mann zur Zeit des Unfalls gar nicht in der Fabrik aufgehalten hatte, da er wegen eines Auftrages auswärts unterwegs war. Es war ein Arbeitskollege mit demselben Namen, den man ins Krankenhaus gebracht hatte.

Ein paar Tage später erschien der Devotee persönlich, um Amma dafür zu danken, dass sie ihn vor einer Verletzung bewahrt hatte; er spürte, dass Ammas Gnade dafür gesorgt hatte, dass er zur Zeit des Unfalls nicht in der Fabrik gewesen war.

„Warum hättest Du jetzt Verbrennungen davontragen sollen?" fragte Amma ihn nebenbei."

Als er ihre Worte hörte, war der Devotee erstaunt – er begriff plötzlich, dass die geringfügigen Verletzungen, die er eine Woche zuvor erlitten hatte, als er während Ammas Programm *sevā* gemacht hatte, sich im Nachhinein als Segen erwiesen hatten – auf diese Weise hatte Amma ihm geholfen, jenes *karma* zu erschöpfen, welches andernfalls beim Fabrikbrand fällig geworden wäre.

Als meine Pūrvāśrama-Schwester[16] noch sehr jung war, litt sie an einer entkräftenden Form von Rheumatismus.

Meine Pūrvāśrama-Eltern konsultierten mehrere Ärzte und versuchten alle Arten von Medizin, doch nichts war in der Lage, die Krankheit zu heilen. Wie beinahe alle Eltern in Indien zogen sie schließlich einen Astrologen zu Rate. Nachdem er ihr Horoskop gelesen hatte, riet er dazu, für meine Schwester mehrere große Feuerzeremonien abzuhalten und empfahl meinen Eltern, zehn oder zwölf Priester kommen zu lassen, sowie freie Mahlzeiten für arme *Brahman*en zu verteilen. Trotz der großen Kosten folgten meine Eltern dem Ratschlag des Astrologen und innerhalb von vier Monaten war die Gesundheit meiner Schwester wiederhergestellt. Zehn Jahre später jedoch kehrten die Symptome der Krankheit zurück. Zu diesem Zeitpunkt hatten wir Amma schon kennen gelernt. Trotzdem dachten meine Eltern,

---

[16] Wenn jemand *sannyāsin*, d.h. Mönch (Nonne), geworden ist, spricht er von seinen biologischen Verwandten nicht mehr als von „meiner Mutter" oder „meiner Schwester". Man betrachtet nämlich einen Mönch als eine Person, die alle Anhaftung und Verantwortung gegenüber seiner biologischen Familie hinter sich gelassen hat. Im Hinblick auf natürliche Verwandte benutzt ein *sannyāsin* das Wort „*purva asrama*" (=„ aus der vorhergehenden Lebensphase") als Präfix. Zum Zwecke leichterer Lesbarkeit wurde dieses Wort hier in Bezug auf meine Verwandten nur zweimal gebraucht und anschließend nicht mehr verwendet.

sie müssten dieselben alten Rituale durchführen lassen, um sie zu retten; der einzige Unterschied war, dass in den vergangenen Jahren die Kosten für die Priester und das Ausführen der komplizierten Zeremonien gestiegen waren.

Dieses Mal jedoch weigerte sich meine Schwester, dabei mitzumachen. Sie empfand, dass sie allein durch Ammas Gnade ohne Schwierigkeiten geheilt werden konnte. Als sie ihr von dem Problem erzählte, gab Amma ihr ein *mantra* und wies sie an, es morgens und abends jeweils dreißig Minuten zu chanten. Sie tat, was sie ihr aufgetragen hatte und war nach sechs Monaten wieder gesund.

Die Schriften sagen, dass es drei Arten von *karma* gibt. *Sañcita karma* ist die Gesamtsumme der Ergebnisse, die von unseren Handlungen in allen früheren Existenzen herstammen. Der Teil unseres *sañcita karma*, den wir in diesem Leben erfahren, wird *prārabdha karma* genannt; er ist für unsere gegenwärtige Geburt verantwortlich. Ob wir Mann oder Frau sind, ob wir unter einer chronischen Krankheit leiden oder gesund sind wie das blühende Leben, ob wir von silbernen Löffeln oder aus einem Blechnapf essen, all diese und unzählige andere Faktoren, die in unserem Leben eine Rolle spielen, werden durch unser *prārabdha karma* bestimmt. Es ist die „spirituelle DNS", die wir mit in dieses Leben bringen.

Um das Ganze zu veranschaulichen, gibt Amma das Beispiel von Zwillingen, die ja aus demselben Mutterleib kommen. Manchmal ist einer der beiden Zwillinge blind, während der andere völlig gesund ist. Dies ist nicht etwas, was Gott aus reiner Willkür bewirkt hat. Es ist das Ergebnis ihrer beider Taten in vergangenen Leben. Ebenso entspricht es auch dem prārabdha karma der Eltern, dass ihnen ein solches Kind geboren wird.

In unserem Leben erfüllen wir aber nicht nur unser prārabdha karma, es kommen auch viele neue Handlungen hinzu. Die

Ergebnisse dieser Handlungen, welche wir im gegenwärtigen Leben ausführen, werden zu unserem „kontostand" hinzugezählt und agami karma genannt. Vieles von diesem agami karma wird noch in der gegenwärtigen Existenz Früchte tragen. Der Rest wird nach dem Tod unserem sañcita karma hinzugefügt. Wenn das prārabdha karma erschöpft ist, stirbt der Körper. Nach dem Tod unseres Körpers wird ein anderer Teil des *sañcita karma* zum *prārabdha karma* unserer nächsten Geburt. In dieser werden wir dann neues agami *karma* erzeugen und müssen somit auch erneut wiedergeboren werden, um es zu erfüllen. Dies ist *samsāra* oder der Zyklus von Geburt und Tod. Alle Wesen, die im Zustand der Unwissenheit über ihr wahres Selbst verbleiben, sind in diesem sich wiederholenden Kreislauf gefangen.

Amma sagt, ebenso wie es materielle Gesetze wie etwa das der Gravitationskraft oder der Schwerelosigkeit gibt, existieren auch subtile spirituelle Gesetze. Das Gesetz von *karma* ist eines von ihnen. Sind wir uns der Schwerkraft bewusst, werden wir vorsichtig sein, nichts herunterfallen zu lassen. Wenn wir in ähnlicher Weise des Karma-Gesetzes gewahr sind, werden wir mit all unseren Gedanken, Worten und Handlungen vorsichtig sein. Auf diese Weise vermögen wir die „spirituelle DNS" neu zu strukturieren und uns eine Zukunft zu schaffen, die dem spirituellen Fortschritt immer förderlicher wird.

Wenn man Selbstverwirklichung erlangt, werden *agami karma* und *sañcita karma* sofort ausgelöscht, da die Seele erkennt, dass sie der *Ātman*, der ewige Zeuge ist. Selbst wenn wir auf dem Fahrersitz Platz nehmen, können wir nicht losfahren, wenn kein Benzin im Tank ist; umgekehrt können wir nicht das Benzin dafür verantwortlich machen, wenn wir in ein Wrack steigen. In ähnlicher Weise ermöglicht es einzig und allein die Gegenwart des *Ātman*, dass Körper, Gemüt und Verstand agieren; der *Ātman* selbst jedoch tut gemäß *veda*ntischer Auffassung überhaupt nichts.

Er vollzieht niemals irgendwelche Handlungen, und daher entsteht durch ihn auch kein *karma*. Da der selbstverwirklichte Mensch mit dem *Ātman* identifiziert ist, erzeugt keine der Handlungen, die er nach der Verwirklichung ausführt, noch irgendein *karma* für ihn. Es verbleibt einzig das restliche *prārabdha karma*, das an die gegenwärtige Existenz gebunden ist. Hat sich dieses erschöpft, fällt der Körper von ihm ab. Solche Seelen sind vom Kreislauf von Geburt und Tod befreit.[1]

Selbst wenn wir nicht in der Lage sind, in diesem Leben Befreiung zu erreichen, können wir doch zumindest vermeiden, der Bürde unseres *sañcita karma* neue Last hinzuzufügen, indem wir kein zusätzliches *agami karma* erzeugen. Dazu müssen wir lernen, ohne *kartritva bodham* zu handeln, ohne das Gefühl, „Ich bin der Agierende." Der leichteste Weg, dieses Gefühl zu transzendieren, besteht darin, uns als Instrument Gottes zu betrachten. Amma sagt, wir sollten uns selbst als Stift in der Hand eines göttlichen Schriftstellers oder als Pinsel in der Hand eines göttlichen Malers sehen.

Solange wir mit der Empfindung, „Ich bin der Handelnde", oder dem Wunsch, die Früchte unseres Tuns zu genießen, tätig sind, fahren wir fort, neues *karma* anzuhäufen. Diese Kette des *karma* ist es, die uns im Kreislauf von Geburt und Tod gefangen hält. Wenn wir unsere Handlungen jedoch Gott darbringen, werden wir weder durch diese Tätigkeiten selbst noch durch ihre Ergebnisse gebunden – alles gehört vielmehr ihm. Natürlich dürfen wir anderen Wesen kein Leid zufügen oder andere negative Handlungen begehen und sie dadurch rechtfertigen, dass wir etwa sagen: „Ich bin nicht der Handelnde, Gott tut

---

[1] Durch ihren eigenen freien Willen können sie jedoch zum Nutzen und zum Segen der Welt eine weitere Geburt auf sich nehmen, indem sie der leidenden Menschheit helfen und spirituelle Sucher zur Befreiung führen. Amma sagt immer, dass sie bereit ist, ihrer Kinder zuliebe jede Anzahl neuer Geburten auf sich zu nehmen.

alles." Alle religiösen Schriften ermahnen uns stets, liebevoll und mitfühlend mit anderen umzugehen und uns auf eine gerechte und anständige Weise zu verhalten. Wenn wir Gottes Weisungen zuwiderhandeln, können wir nicht Gott für das verantwortlich machen, was wir getan haben.

Amma sagt, dass wir im Falle unseres Erfolges schnell bereit sind, uns das Ganze als eigenes Verdienst zuzurechnen und darauf hinzuweisen, dass „ich" es gemacht habe, dass „ich" es veranlasst habe. Wenn unsere Bemühungen jedoch scheitern, zeigen wir mit dem Finger in die entgegengesetzte Richtung, selbst wenn es auf unseren eigenen Fehler zurückzuführen ist.

Ein älterer Mann fuhr eine Schnellstraße herunter, als sein Handy klingelte. Es war seine Frau. In ängstlichem Ton sagte sie: „Henry, ich habe gerade in den Nachrichten gehört, dass ein Geisterfahrer auf der Schnellstraße unterwegs ist. Bitte sei vorsichtig, Liebling!"

„Ich weiß nicht, wo die ihre Informationen herhaben", sagte Henry genervt, es ist nicht e i n e r – es sind hunderte von ihnen!"

Wir denken vielleicht: „Warum sollte ich alles in Gottes Hände legen? Es sind m e i n e Talente und Fähigkeiten, die mir Erfolg beschert haben." Aber genau diese Einstellung ist es, die uns an unsere Handlungen und die ihnen nachfolgenden Resultate bindet.

In Ammas *aśram* arbeiten viele Menschen sehr hart, ohne etwas dafür als Gegenleistung zu erwarten. Wir arbeiten jeden Tag stundenlang, ohne ein Gehalt dafür zu bekommen und sind glücklich, dass es uns möglich ist, all diese Bemühungen Amma und der Welt darzubringen. Diese Anstrengungen sind in der Tat lobenswert. Doch obwohl wir unsere Aufgaben sicherlich mit Hingabe und Liebe erfüllt haben, mögen einige von uns vielleicht doch noch die Empfindung hegen: „Ich war es, der das gemacht hat. Ich habe schon so viel für Amma geleistet." Stattdessen sollten wir versuchen, folgende Einstellung zu kultivieren: „Was immer ich tue – es ist Gottes Kraft, die mir dies ermöglicht." Auf diese Weise können wir den vollen Nutzen selbstlosen Dienstes ernten – anstatt die Himmel (deva-loka) zu erreichen, vermögen wir das Ego zu beseitigen und gehen auf diese Weise an einen Ort jenseits von Verdienst und Unwürdigkeit, Himmel und Hölle. Auf diese Weise erlangen wir die Reinheit des Geistes, welche die grundlegende Voraussetzung unserer letztendlichen Befreiung ist.

In alten Zeiten lebte ein gütiger, aber auch machtvoller König namens *Mahabāli*, der alle Welten und auch die Himmel erobert hatte. Die Zeit seiner Herrschaft war ein goldenes Zeitalter. Die Untertanen in *Mahabālis* Staat waren glücklich und zufrieden. Ihr Leben war frei von Sorgen. Wenn Amma von der Onam-Feier ihrer Kindertage erzählt, von jenem Fest, welches der Erinnerung an *Mahabālis* Herrschaft gewidmet ist, erinnert sie sich daran, dass sich damals in jedem Dorf Kinder aus fünfzig bis sechzig Haushalten auf dem Hof versammelten, wo sie eine große Schaukel aufstellten und Lieder von *Mahabāli* sangen wie etwa:

Maveli nāṭuvāṅīṭuṁ kālaṁ
mānuṣarellārūm onnupole.

In der Zeit, da Mahabāli das Land regierte,
lebte die ganze Menschheit in Einigkeit.

Obwohl Mahabāli viele gute Werke getan hatte und in seinem Reich Frieden herrschte, war er doch ein Mensch, der großen Stolz empfand angesichts seiner hervorragenden Leistungen. Um diese Haltung zu berichtigen, damit sie nicht länger seine spirituelle Entwicklung hem-mte, entschied sich Lord Vishnu dafür, einzuschreiten. Der Herr inkarnierte sich in Gestalt eines jungen brahmacāri namens Vāmana und besuchte den Kaiser. kommt ein Gast zu Besuch verlangt es die hinduistische Tradition, dass er als Gott selbst verehrt wird und in zufriedener Stimmung wieder geht. Daher wollte Mahābāli von dem kleinen Jungen bei seiner Ankunft im Palast wissen, was er sich wünschte. Vāmana antwortete: „Ich wünsche mir nur soviel Land, wie durch drei meiner Schritte bedeckt wird, so dass ich dort asketisch leben kann."

Voller Eigendünkel dachte der Kaiser bei sich: „Was sind drei Schritte Landes für mich, der ich der Herrscher so vieler Welten bin!" Mit herablassendem Blick erklärte er: „Ist das alles, was Du willst? Ich könnte Dir drei Länder geben!"

„Nein", antwortete *Vāmana*, „Drei Schritte Land sind alles, was ich benötige."

Mit verachtungsvollem Kopfschütteln verkündete Mahābāli: „Gut, also dann…ich gebe Dir diese drei Schritte Landes. Nimm sie Dir!" Genau in diesem Augenblick begann der kleine Junge Vāmana zu wachsen. Er wurde größer und größer, bis zunächst sein kopf, dann seine Schultern und schließlich sein ganzer Leib bis hinunter zu den Knöcheln die Wolken überschritten hatten. Mit seinem ersten Schritt maß er die ganze Erde aus und mit seinem zweiten bedeckte er die oberen himmlischen Welten. Daraufhin dröhnte seine Stimme von weit oben: „Eure Majestät, wo kann ich meinen dritten Schritt hinsetzen?"

Der Kaiser, dem klar geworden war, dass es nur eine göttliche Inkarnation sein konnte, die vor ihm stand, beugte sich nieder und sagte: „O Herr, lasse Dich herab, Deinen Fuß auf mein Haupt zu setzen."

Obwohl sie hier nur kurz zusammengefasst wird, steckt diese Geschichte voller Symbolik.

Mit seinem ersten Schritt nahm *Vishnu* von *Mahābāli* die Welt hinweg und zerstörte auf diese Weise des Kaisers *mamakāra*, d.h. den Sinn von „das ist mein", was sich als Anhaftung an sein Reich manifestierte.

Mahābāli hatte wundervolle Dinge erreicht. Er war anerkannt als einer der wohltätigsten und rechtschaffensten Herrscher der

Weltgeschichte; daher hatte er viele Verdienste erworben. Da er sich selbst jedoch als den Ausführenden seiner Handlungen und als den Ursprung seiner Macht betrachtete, hegte er in sich mächtigen Stolz. Er kettete sich dadurch an seine Taten und deren Folgen. Solange er die Haltung, er sei der Agierende, beibehielt, hätte er fortfahren müssen, Geburt für Geburt auf sich zu nehmen, um das *karma*, welches er für sich selbst erzeugte, abzutragen. Wenn es sich auch um gutes *karma* handelte, das es *Mahabāli* ermöglichte, in den höheren Welten wiedergeboren zu werden, so hätte es ihn gleichwohl nicht aus dem Kreislauf von Geburt und Tod befreit. Indem er seinen zweiten Schritt in die himmlischen Regionen setzte, löschte *Vishnu* jedoch *Mahabālis* sämtliche angesammelten Verdienste aus. Der Kaiser würde nicht länger sein gutes *karma* abtragen müssen durch Inkarnation in den höheren Daseinsebenen, die voller begrenzter Freuden sind – er würde fähig sein, sofort im Unendlichen aufzugehen.

Mit dem dritten Schritt, als er seinen Fuß auf den Kopf des Königs setzte, zerstörte *Vishnu* dessen *ahamkāra* (Ego), und *Mahabāli* erreichte Befreiung.

❁

KAPITEL 11

Über Geben und Selbst-Darbringung

Wie weit doch jene kleine Kerze ihre
Strahlen wirft! So leuchtet eine
gute Tat in beschwerlicher Welt.

— *William Shakespeare*

Kürzlich habe ich von der Geschichte eines kleinen Mädchens gehört, das an einer seltenen und ernsten Krankheit litt. Ihre einzige Chance zur Heilung bestand darin, eine Bluttransfusion von ihrem fünfjährigen Bruder zu erhalten, der es ein Jahr zuvor gerade eben noch geschafft hatte, dieselbe Krankheit zu überleben. Bei diesem Prozess hatte sein Körper die Antikörper gebildet, welche nun benötigt wurden, um die Krankheit seiner Schwester zu bekämpfen. Der Arzt erklärte ihrem Bruder die Situation und fragte den Kleinen, ob er gewillt sei, Blut für seine Schwester zu spenden. Nur einen kurzen Augenblick zögerte der Junge, bevor er einen tiefen Atemzug nahm und sagte: „Ja. Wenn es meine Schwester rettet, mach' ich es."

Während der Transfusion lag er in einem Bett neben seiner Schwester. Ebenso wie die anderen Familienmitglieder lächelte er, als er sah, wie die Farbe auf die Wangen des Mädchens zurückkehrte. Langsam jedoch wurde das Gesicht des Jungen bleich und sein Lächeln schwand dahin. Er schaute zum Doktor auf und fragte mit zitternder Stimme: „Werde ich jetzt gleich sterben?"

Der kleine Junge hatte den Arzt missverstanden; er dachte, er müsste seiner Schwester sein gesamtes Blut spenden, um sie zu retten.

Die unschuldige Haltung, mit welcher der kleine Junge bereit war, sein Leben für seine Schwester aufzugeben, stellt in der heutigen Welt eine Ausnahme dar. Viele Menschen vollbringen gute Werke, doch selten ist jemand zu finden, der reinen Herzens ehrenamtlich handelt.

Als Amma jung war, beobachtete sie ihren Bruder einmal dabei, wie er einem armen Mann Kleidung gab; doch anstatt sie ihm zu überreichen, warf er sie ihm zu. Wenn ihre Familie Nahrung an sehr arme Menschen verteilte (die damals als unberührbar angesehen wurden), stellte man sie einfach auf den Boden und ging fort. Sie wussten, dass man den Armen dienen muss, um Gottes Gnade zu erlangen, aber sie verstanden nicht die zugrunde liegenden Prinzipien. Als sie sahen, wie Amma die armen Leute badete, fütterte und mit ihren eigenen Händen für ihr Wohlergehen sorgte, waren sie anfangs schockiert und fühlten sich abgestoßen. Langsam führte Amma sie dahin, das Prinzip hinter diesen dienenden Handlungen zu verstehen: Dienst an den Armen ist Dienst an Gott, denn Gott ist in den Armen – Er ist überall. Inzwischen sind all ihre Familienmitglieder zu Ammas Devotees geworden, und viele von ihnen verrichten selbstlosen Dienst in den karitativen Institutionen des *aśrams*.

Die Taittirīya Upanishad beschreibt die rechte Haltung, die eine wohltätige Handlung begleiten muss, damit sie als eine solche betrachtet werden kann, die das höchstmögliche Verdienst und die größte Gnade auf sich zieht.

Śraddhayā deyam aśraddhayā-deyam
śriyā deyam hriyā deyam
bhiyā deyam samvidā deyam (1.11.5.)

„Geschenke sollten mit Vertrauen gegeben werden
und niemals ohne Vertrauen;
Geschenke sollten reichlich gegeben werden,
mit Bescheidenheit und Furcht;
Geschenke sollten mit dem rechten Wissen
gegeben werden."

„Mit Vertrauen geben" meint hier, wir sollten Vertrauen haben in die Sache, die wir unterstützen – nicht aus einem Gefühl der Verpflichtung heraus, sondern weil wir aus tiefstem Herzen heraus wissen, dass es die rechte Sache ist, die getan werden muss. „Mit Bescheidenheit geben" bedeutet, dass wir niemals hochmütig werden, was unsere Fähigkeit zu geben anbetrifft. Wir sollten uns immer daran erinnern, dass es andere gibt, die in der Lage sind, mehr zu geben als wir und dass in Wirklichkeit alles Gott gehört – die Gelegenheit, anderen zu dienen ist ein wertvolles Geschenk Gottes. Bei allem, was Amma für die Welt getan hat, sagt sie doch voller Demut: „Gott allein tut all dies, ich tue gar nichts. Wenn Gott mir die Stärke gibt, kann ich handeln."

Was heißt „mit Furcht geben"? Wir müssen vor unserem Ego immer auf der Hut sein. Wenn wir eine gute Tat vollbringen, neigen wir dazu, stolz auf uns zu sein und dabei unser Ego zu stärken. Auf diese Weise bewirken gerade solche Handlungen, die in der Absicht ausgeführt werden, das Ego zu schwächen und am Ende zu beseitigen nur, dass es größer und stärker wird.

Samvidā deyam kann auf verschiedene Weise interpretiert werden. Es kann heißen, dass wir unsere Unterscheidungskraft nutzen, um sicherzustellen, dass die Gabe an eine Person gelangt, die den rechten Gebrauch von ihr machen wird. Es kann auch bedeuten, „mit *jñāna* zu geben" – der Erkenntnis, dass alle Wesen im Universum verschiedene Formen derselben göttlichen Essenz darstellen und dass wir, wenn wir jemandem helfen, Gott dienen. Unsere gewöhnliche Vorstellung von Wohltätigkeit und Opfer ist ziemlich verzerrt. Wir bringen unsere so genannten Opfer nur äußerst ungern und denken dabei: „O nein, schon wieder muss ich etwas aufgeben."

Doch der Ursprung des englischen Wortes „sacrifice" (Opfer) sagt etwas ganz anderes: Es kommt vom lateinischen Wort sacrificium, worin die Worte sacer (heilig) und facere (tun) ein Kompositum bilden. Das Wort bedeutet also: „heilig machen – das was heilig gemacht wird." Dies genau ist die Bedeutung, die hinter Opfer (sacrifice) steht: Was immer es auch sein mag – indem man es Gott opfert, wird es heilig, und die Ergebnisse kommen zu uns zurück als *prasād*.*

In der *Bhagavad Gīta* (3.15) sagt *Krishna* zu *Arjuna*, dass das Opfer einen integralen Teil der Schöpfung bildet. Dies liegt daran, dass wir ständig eine Sache für eine andere opfern – die Frage ist nur, ob wir das Niedere für das Höhere opfern oder das Höhere für das Niedere. Täglich agieren wir im Tempel unseres Lebens als Oberpriester und bringen all unsere Gedanken, Worte und Taten auf dem Altar irgendeines Zieles oder einer Bestrebung dar, sei sie hoch oder niedrig. Amma sagt, dass wir jedoch unglücklicherweise nur allzu oft das Höhere zugunsten des Niederen aufopfern. Auf diese Weise werden unsere menschlichen Qualitäten – und mit ihnen ebenfalls unsere Chance, inneren Frieden zu erlangen – für vorübergehende Vorteile und Vergnügungen geopfert.

Ein Mann kam einmal mit gefalteten Händen zu einem *sannyāsin*. „O *Swamiji*", begann er, „ich bringe Euch meine Ehrerbietung dar, denn Ihr habt so viel aufgegeben."

Der sannyāsin antwortete: „Tatsächlich sollte ich mich vor Euch verbeugen, denn Euer Opfer ist größer als meines."

Der Mann war verblüfft. „Wie könnt Ihr so etwas sagen, Swamiji? Ich lebe zusammen mit meiner Familie in einem komfortablen Haus, und was immer ich mir wünsche, kann ich mit Leichtigkeit bekommen."

„Es ist wahr, dass ich den Vergnügungen dieser Welt entsagt habe, doch ich tat es, um ewigen Frieden zu erlangen, während Ihr bereitwillig Euren Geistesfrieden gegen all die Probleme und den Kummer der Welt eingetauscht habt. Wessen Opfer ist dann aber wohl das größere?"

Wenn wir Amma genau beobachten und ihr nacheifern, können wir lernen, wie man das Niedere für das Höhere aufopfert – statt umgekehrt.

Vor ein paar Jahren bei einem Programm in Chennai kam ein Leprakranker zu Ammas *darśan*. Nachdem sie ihn umarmt hatte, wurde sie von einer der nahe bei ihr stehenden Personen gefragt, wie sie ein solches Risiko auf sich nehmen könne. „Ich könnte nicht einmal daran denken, so etwas zu tun", gestand der Betreffende.

Amma erklärte: „Wann immer ich mit solchen Situationen konfrontiert werde, frage ich mich: ,Lebe ich für mich selbst oder für die Welt?' Wenn ich für mich selbst lebe, dann sollte ich es nicht tun. Lebe ich aber für die Welt, dann muss ich es tun." (Natürlich tauchen solche Zweifel niemals in Amma auf, doch sie stellt es auf solche Weise dar, um uns ein verständliches Beispiel zu geben.) Dies zeigt die Stärke von Ammas unerschütterlicher Überzeugung, die Bedürfnisse anderer Menschen über ihre eigenen zu stellen.

Ich erinnere mich an eine andere Unterhaltung, die vor ein paar Jahren in Ammas indischem *aśram* stattfand. *Swami Jñānamritānanda Pūri* war zunächst die Verantwortung für die Druckerei, später auch die für das monatliche spirituelle Magazin übertragen worden. Zusätzlich zu alledem bat Amma ihn, sich einige Zeit um die Schulen und auch um die karitativen Projekte zu kümmern. So wuchs sein Arbeitspensum mehr und mehr an – bis auf den heutigen Tag.

Obwohl ihm das Arbeitspensum nichts ausmachte, so war doch eines nicht zu bestreiten: das Sich-Befassen mit den alltäglichen Angelegenheiten der verschiedenartigen Projekte bedeutete, dass seine Aufmerksamkeit den größten Teil des Tages nach außen gerichtet war, wo er doch die starke Neigung empfand, seine Aufmerksamkeit vollständig von der Welt zurückzuziehen. Als er Gelegenheit hatte, mit Amma zu sprechen, erwähnte er dies: „Ich möchte einfach alles für eine Weile zurücklassen, an einen einsamen Ort gehen und mich in Meditation vertiefen."

Als Amma diese Worte hörte, leuchtete ihr Gesicht auf und sie antwortete: „Weißt Du, so fühle ich mich auch manchmal! Aber ich habe dieses Leben schon vor langer Zeit der ganzen Welt zuliebe geopfert, deshalb zählen meine individuellen Belange nicht mehr. Es gibt kein ‚ich' mehr, welches die Arbeit hinter sich lassen könnte oder ein ‚ich selbst', welches an einem einsamen Ort sitzen könnte. Alles dient dem Nutzen der Welt."

Amma identifizierte sich voller Mitgefühl mit den Gefühlen des Swamis, und doch zeigte sie ihm, wie er über sie hinauswachsen konnte. Als er ihre Worte hörte, empfand er frischen Enthusiasmus, seine Pflichten in einer Haltung der Selbsthingabe zu erfüllen. Amma schätzt es sehr, wenn ihre Kinder Opfer für die Welt bringen. „Wir sollten ein Buch über jede einzelne Person schreiben", sagte sie einmal. „Jemand sollte auch eine Dokumentation veröffentlichen über Ammas Schüler und Devotees in Indien und im Ausland, welche unermüdlich für andere arbeiten – eine solche Dokumentation würde die zukünftigen Generationen inspirieren."

Amma sagt: „Wir sollten wie Kerzen sein, die der Welt Licht spenden, selbst wenn sie dabei dahinschmelzen und abbrennen."

Wenn die Wachskerze brennt, löst sie sich nicht in Nichts auf, sondern wird zum Brennstoff für die Flamme. Ohne das flüssige Wachs würde die Flamme nicht existieren; indem das Wachs einen subtileren Zustand erreicht, wird es Teil der Flamme. Ebenso wie es die Bestimmung der Kerze ist, in der Flamme aufzugehen, ist es die des Geistes, in Gott aufzugehen.

Amma sagt: „Wirkliche spirituelle Sucher wollen anderen dienen, indem sie Opfer bringen. Es ist ihr Ziel, ein Gemüt zu besitzen, das anderen Menschen Freude spendet, während es seine eigenen Kämpfe vergisst. Dafür beten sie. Amma wartet auf solche Persönlichkeiten. Die Befreiung sucht nach ihnen und wartet auf sie wie ein Dienstmädchen."

Wenn wir die wahre Bedeutung von Opfer herausfinden wollen, brauchen wir nur auf Amma zu schauen. Sie ist der Polarstern des Aufopferns und Dienens. Sie zeigt uns sowohl die Richtung als auch das Ziel. Was ihre Hingabe betrifft, hat Amma einen Rekord aufgestellt, der niemals gebrochen werden kann – sie arbeitet vierundzwanzig Stunden am Tag. Solange man keinen längeren Tag erfindet, ist es niemandem möglich, mehr zu tun als Amma, um die Welt zu erheben. Und wenn wir auch niemals Ammas Beispiel nachahmen können, so vermag es uns doch zumindest als Leitstern zu dienen.

Eines Nachts gegen 3.30 Uhr ging einer der *brahmacāris* an Ammas Zimmer vorbei und bemerkte einen kleinen Lichtschein, der von einer Ecke des Zimmers ausging. Als er sich am nächsten Tag erkundigte, was es damit auf sich hatte, bestätigte Ammas Dienerin, dass Amma die ganze Nacht aufgeblieben war, um Briefe von ihren Devotees aus aller Welt zu lesen. Weil die *Swamis* ihre Besorgnis zum Ausdruck gebracht hatten, dass sie zu lange aufbleiben und keinerlei Ruhe finden würde, hatte Amma eine Taschenlampe benutzt, um die Briefe zu lesen, damit wir kein

Licht im Zimmer sehen konnten und nicht bemerkten, dass sie immer noch wach war.

Amma räumt dem Glück ihrer Devotees immer Priorität ein, sogar auf Kosten ihres eigenen Wohlergehens und ihrer Gesundheit.

Während einer ihrer Indien-Touren war geplant, dass Amma nach dem Darshan-Programm das Haus eines Devotees besuchen sollte. Da die Menschenmenge beim *darśan* jedoch größer war als erwartet, verspätete sie sich um mehrere Stunden, und die Devotees mussten lange auf sie warten. Sie hatten mit großer Liebe ein besonderes Essen für Amma zubereitet und warteten gespannt darauf, dass sie es probieren würde. Schließlich traf Amma ein, und nachdem sie eine kurze *pūja* abgehalten hatte, ging sie ins Speisezimmer, um *prasād* zu verteilen. Die Gastgeber hatten einen besonderen Behälter auf die Seite gestellt, in welchem sich Ammas Mahlzeit befand, doch als ein *brahmacāri* ihn öffnete, stellte er sofort fest, dass das Essen schlecht geworden war. „Amma, dieses Essen ist verdorben, iss nicht davon!", flüsterte er ihr zu.

Sie bedeutete ihm, ruhig zu sein und begann das Gericht mit großem Genuss zu essen, wohl wissend, dass es verdorben war und sie davon krank werden konnte. Nach ein paar Löffeln verschloss sie den Deckel wieder und sagte: „Amma schmeckt das sehr gut, deshalb wird sie es mitnehmen und den Rest später essen." Dann verteilte sie das Essen, das für die *Swamis* zubereitet und nicht schlecht geworden war als *prasād* an die Devotees. Später im Auto bemerkte sie: „Es stimmt, dass das Essen verdorben war, aber wenn die Gastgeber das bemerkt hätten, wären sie furchtbar traurig gewesen. Amma hat es mitgenommen, um zu verhindern, dass andere davon krank geworden wären, wenn sie davon gegessen hätten."

Im Mai 2006 wurde Amma im Interreligiösen Zentrum zu New York mit dem James Parks Morton Interfaith-Preis ausgezeichnet. Als Teil der Verleihungs-Zeremonie hielt sie eine Rede über interreligiöse Verständigung und Zusammenarbeit. Bevor sie den *aśram* in Indien verließ, um der Konferenz beizuwohnen, hielt sie eine Frage-und-Antwort-Runde mit den Aśram-Bewohnern ab. Sie gibt ihnen regelmäßig solche Gelegenheiten, damit ihre Zweifel geklärt werden und sie die Unterweisung des *guru* empfangen. An diesem speziellen Tag hatten die Bewohner des *aśrams* nur eine Frage. Sie wollten, dass Amma über den Preis sprach, den sie in New York erhalten würde. Ammas Antwort erzählt uns eine Menge über ihre Auffassung vomLeben. Sie sagte: „Amma hat daran überhaupt keinen Gedanken verschwendet; sie geht nicht nach New York, um einen Preis zu erhalten, sondern weil das Interreligiöse Zentrum sie darum gebeten hat, eine Rede zu halten." Sie fuhr fort: „Der größte Preis, den Amma empfangen kann, ist das Glück ihrer Kinder; einen anderen Preis braucht sie nicht."

Die meisten Aśram-Bewohner waren auf das Konzentriert, was Amma in New York bekommen würde, während sie nur daran dachte, was sie dort geben konnte. Dieser Wunsch zu geben ist der Mittelpunkt von Ammas ganzem Leben. Sie sagt: „Die meisten Menschen machen sich nur Gedanken über das, was sie von der Welt erhalten können, doch ist es unsere Fähigkeit, anderen etwas zu geben, welche die Qualität unseres Daseins bestimmt."

❀

KAPITEL 12

Von Ärger zu Mitgefühl

„Für jede Minute, die Du in zornigem Zustand verbleibst,
gibst Du sechzig Sekunden Geistesfrieden auf."
— *Ralph Waldo Emerson*

W ie jedes Jahr machte Amma im Februar und März 2006 eine Tour durch Indien, vom Süden bis zu den nördlichsten Bundesstaaten, wobei sie Programme in siebzehn Städten gab. Es bedarf keiner Erwähnung, dass jeder andere in Ammas Position es vorgezogen hätte, zu den einzelnen Tour-Orten zu fliegen und die so gesparte Zeit zu nutzen, um sich auszuruhen. Die Menschenmassen sind im Laufe der Jahre immer größer geworden, manchmal sind es Hunderttausende, so dass nur eine begrenzte Reisezeit übrig bleibt. Trotzdem bestand Amma wie auch in den Jahren zuvor darauf, mit dem Auto zu fahren, um etwas Zeit mit den Aśram-Bewohnern und mit den Devotees, die sie auf der Tour begleiteten, verbringen zu können. Einige dieser aufreibenden Fahrten dauerten vierundzwanzig Stunden oder länger; manche Straßen waren in einem so schlechten Zustand, dass wir dachten, wir wären besser zu Fuß gegangen.

Zu Beginn einer dieser Fahrten, die besonders lang und strapaziös zu werden versprach, kündigte Amma an, sie würde das Haus eines Devotees besuchen, das mehr als eine Stunde abseits der Fahrtstrecke lag. In dem Wissen, dass sie mehr als vierundzwanzig Stunden nicht geruht, geschweige denn geschlafen hatte, versuchten einige der *brahmacāris*, Amma den Zwischenstopp auszureden. Als sie feststellten, dass Amma sich nicht umstimmen ließ, wurden manche von ihnen ungehalten über den Mann, der sie in sein Haus eingeladen hatte. Sie empfanden dies als sehr selbstsüchtig von ihm; es schien ihn offenbar nicht zu kümmern, ob Amma sich ausruhen konnte oder nicht.

Als Amma das Haus betrat, setzte sie sich vor dem Familienaltar nieder und zelebrierte eine pūja, nach welcher sie einen *bhajan* sang. Je länger das Ganze dauerte, desto ärgerlicher wurden die *brahmacāris* auf den Gastgeber. Als Amma die Andacht beendet hatte, ging sie in eines der Schlafzimmer, um mit dem Mann und seiner Frau privat zu sprechen. Ein paar von den *brahmacāris* folgten ihr. Sobald sie dort eintraten, verrauchte ihr Ärger sofort.

Ein Junge von etwa zehn Jahren lag auf dem Bett; sein Körper war auf schreckliche Weise entstellt. Der kopf war missgestaltet und übermäßig groß im Verhältnis zum Rest des Körpers. Seine Gliedmaßen bestanden nur noch aus Haut und Knochen, ohne jegliches Fett oder Muskeln. Die Hände waren soweit nach innen gekrümmt, dass sie nicht zu gebrauchen waren. Seine umherwandernden Augen öffneten sich kaum mehr als einen Spalt, doch da er keinerlei kontrolle über den kopf, den Hals oder die Richtung seines Blickes besaß, hätten sie ihm sowieso nicht viel genützt. Alles an seinem Dasein wirkte herzzerreißend. Seine Mutter kniete an seiner Seite und wiegte ihn in ihren Armen. Hierbei begann der Junge zu schreien. Er war nicht in der Lage, selbstständig seinen kopf zu heben, und auch mit fremder Hilfe war es für ihn offensichtlich eine Qual. Es war klar, dass die Eltern den Jungen nicht außer Haus bringen konnten, nicht einmal, um Ammas *darśan* zu empfangen.

Es gab im ganzen Raum niemanden, dessen Augen trocken blieben, weder die Mutter, der Vater noch Amma; ja nicht einmal die *brahmacāris*, die wenige Augenblicke zuvor noch so verärgert gewesen waren, konnten ihre Tränen zurückhalten, als Amma das Kind umarmte, ihm über die Brust streichelte und seine Stirn küsste. Das große Leid des Kindes spiegelte sich in der tiefen Besorgnis und dem Einfühlungsvermögen in Ammas Augen wieder.

„Seit drei Jahren habe ich dafür gebetet, dass Amma kommen und mein Kind segnen würde", gestand der Vater des Jungen mit tränenüberströmten Wangen.

„Wir empfinden nur dann Liebe und Mitgefühl gegenüber Menschen, wenn wir in ihrer Haut stecken und ihre Probleme und Lebensumstände zu verstehen versuchen", sagt Amma oft. „Zorn wandelt sich in Mitgefühl, wenn wir eine Situation richtig begreifen." Ein *sadguru* lehrt seine Schüler nicht nur durch Worte, sondern schafft Situationen, durch welche sie dahin kommen, die Wahrheit seiner Worte mit dem Herzen zu verstehen. Solche Erfahrungen vergisst man niemals.

Amma sagt, wenn wir sehen, dass jemand einen Fehler macht, sollten wir die Situation von seiner Perspektive aus betrachten, anstatt ihn zu verurteilen und uns anschicken, ihn zu bestrafen. Wir sollten zu verstehen versuchen, was ihn dazu motiviert hat, auf diese Weise zu handeln. Sie erzählt dazu folgende Geschichte.

Einst ging eine Frau mit ihren zwei Kindern in den Park. Sie erlaubte Ihnen zu spielen, während sie sich allein auf eine Bank setzte. Die Kinder waren entzückt und begannen herumzutoben und Lärm zu machen. Ein Mann, der sich ebenfalls im Park aufhielt, war über ihr Benehmen sehr verärgert. „Hören Sie, meine Dame", beschwerte er sich bei der Mutter der beiden, „Ihre Kinder stören Leute, die gerne etwas Ruhe und Frieden genießen würden. Warum können Sie nicht dafür sorgen, dass sie sich benehmen?"

Die Frau antwortete auf sein Schimpfen nicht, sondern saß einfach weiter still da, das Gesicht in den Händen vergraben. Der Mann war ein wenig überrascht und fragte sie, ob alles mit ihr in Ordnung sei. Als sie schließlich aufschaute sah er, dass ihre Wangen von Tränen überströmt waren. „Vor ein paar Minuten ist mein Mann, der Vater meiner Kinder, bei einem Unfall auf einer Auslandreise ums Leben gekommen. Ich habe keine Ahnung, wie ich meinen Kindern diese Nachricht beibringen soll oder wie ich sie trösten könnte. Ich bin nur hierher gekommen, um mich zu sammeln und versuche herauszufinden, wie ich erklären kann, was passiert ist."

Als der Mann das hörte, schämte er sich für seine heftigen Worte und entschuldigte sich bei ihr für seinen Mangel an Verständnis. Von Sympathie überwältigt bemühte er sich auf alle erdenkliche Weise, freundlich und hilfsbereit zu der Witwe und ihren beiden Kindern zu sein. Um ihr noch etwas mehr Zeit zu geben, innere Stärke zu erlangen, nahm er die Kinder sogar mit und spendierte ihnen ein Eis, bevor er sie schließlich nach Hause fuhr.

Ärger ist keine Aktion sondern eine Reaktion. Eine Handlung zu vermeiden ist leicht, doch sich das Reagieren abzugewöhnen ist schwierig und verlangt ein hohes Niveau an Bewusstheit.

Nehmen Sie zum Beispiel an, Sie befinden sich auf der anderen Seite des Zimmers, und ich bitte Sie, näher zu kommen. Vielleicht kommen Sie, vielleicht auch nicht, möglicherweise gehen Sie sogar. So gesehen haben wir bei jeder Art von Handlung drei Wahlmöglichkeiten – die Handlung zu vollziehen, die Handlung zu unterlassen oder das Gegenteil zu tun. Bei Reaktionen hingegen ist das nicht der Fall. Ohne eine hohe Bewusstseinsebene erreicht zu haben, besitzen wir überhaupt keine Wahlmöglichkeit, auf eine bestimmte Situation zu reagieren. Wenn ich Sie zum Beispiel freundlich bitte, zornig auf mich zu werden, wird Ihnen das nicht möglich sein. Wenn ich sie andererseits beschimpfe oder Ihnen für etwas die Schuld gebe, das sie nicht getan haben, wird es Ihnen in den meisten Fällen unmöglich sein, nicht wütend auf mich zu werden. Das liegt daran, dass Zorn keine Aktion ist, die wir willentlich ausführen können, sondern eine Reaktion. Es geschieht fast automatisch. Wir besitzen in uns ein kleines Fenster der Möglichkeit, diese Reaktion zu vermeiden – spirituelle Praxis hilft uns, das Fenster weit zu öffnen. Durch spirituelle Übungen erlangen wir größere konzentrationskraft, welche wiederum unser Bewusstsein für das, was in uns und in der Welt um uns herum passiert, steigert. Einem hoch trainierten Kampfsportler ist es ein Leichtes, seine Feinde zu besiegen, da sie sich von seiner Perspektive erhöhten Gewahrseins aus wie in Zeitlupe bewegen. Ebenso entdecken wir, dass wir uns, wenn wir über einen längeren Zeitraum Meditation und andere spirituelle Übungen praktizieren, des ersten Anzeichens von Negativität, die in uns aufkommt, bewusst werden; wir sind dann in der Lage, unser Unterscheidungsvermögen zu benutzen, um zu vermeiden, aus dieser negativen Empfindung heraus zu sprechen oder zu handeln.

Vor einigen Jahren stand ich einmal bei Amma, als eine ältere Dame zum darśan kam. Da an jenem Tag eine große Menschenmenge anwesend war, gab Amma ihren darśan sehr schnell. Nachdem der darśan der Frau vorbei war, hatte sie Schwierigkeiten, aufzustehen und für die nächste Person Platz zu machen. Da ich Amma nicht warten lassen wollte, versuchte ich der Frau dabei zu helfen, aufzustehen und zu gehen, doch in meiner Ungeduld war ich ein wenig ruppig zu ihr. Amma hielt inne, schaute mich an und stellte mir die Frage: „Würdest Du das auch tun, wenn es Deine Großmutter wäre?" Ich hatte keine andere Antwort, als meinen kopf beschämt hängen zu lassen.

Letzten Endes, sagt Amma, sollten wir uns, wenn wir auf einen Menschen ärgerlich sind, daran erinnern, dass das Selbst in uns mit seinem Selbst identisch ist. Ist dies aber der Fall, wer kann da noch auf wen zornig sein?

Die Īśavasya *Upanishad* sagt:

Yastu sarvāṇi bhūtānyĀtmanyeva anupaśyati
sarvabhūteṣu cātmānaṁ tato na vijugupsate (6)

*„Der, welcher alle Wesen im Selbst sieht
und das Selbst in allen Wesen,
empfindet in Folge dieser Erkenntnis keinen Hass."*

yasmin sarvāṇi bhūtānyātmaivābhudvijānataḥ
tatra ko mohaḥ kaḥ śoka ekatvamanupaśyataḥ (7)

*„Der, welcher erkannt hat, dass alle Wesen Eins geworden sind
mit dem Selbst, und welcher das Einssein von allem erschaut
hat, welchem Kummer und welcher Verblendung könnte er
unterworfen sein?"*

Auf der Nordindientour des Jahres 2006 führte Amma zum
ersten Mal in eine Stadt namens Indore. Im Rahmen ihrer Indien-
touren war es schon öfter passiert, dass bei einem Erstbesuch mehr
als hunderttausend Menschen zu einem Programm kamen – doch
dass alle genau zur gleichen Zeit zum *darśan* wollten, das hatte
es noch nie zuvor gegeben.

Während der gesamten Dauer des *darśan* mussten die
brahmacāris, *brahmacārinīs* und Devotees, die mit Amma reisten, die Absperrungen bewachen, um einen wilden Ansturm
zu verhindern. Tatsächlich war die Situation derart prekär, dass
Ammas *satsang* und die *bhajans* um eine halbe Stunde verschoben wurden, weil einfach niemand die Bühne verlassen wollte.
Zu einem bestimmten Zeitpunkt während des *darśan* stand sie
auf und sagte über das Mikrophon, dass sich niemand zu sorgen
brauchte; sie würde allen *darśan* geben, doch sollte jeder geduldig
sein und nicht drängeln. Später bemerkte sie, dass in fünfund-
dreißig Jahren des Darśan-Gebens niemals etwas Vergleichbares
vorgekommen sei.

Auf dem Weg zum nächsten Programm entstand eine Diskus-
sion über den *darśan* am Tag zuvor. Eine Frau erzählte, wie sie den
Hemdkragen eines Mannes festgehalten hatte, um ihn daran zu

hindern, auf die Bühne zu gehen, als sie plötzlich feststellte, dass sie nur noch das Hemd in den Händen hielt – ohne den Mann! Die Situation dort war so wild gewesen, dass viele Leute Amma sagten, sie solle nie wieder an diesen Ort zurückkehren. Ein *brahmacāri* bemerkte Amma gegenüber, er habe in Hinblick auf die spirituelle Entwicklung der Menschen dieser Stadt einen Vorschlag: „Amma, ich glaube, der ideale Pfad für sie ist der der Hingabe. Ebenso wie die *gopis* (Kuhhirtinnen) von *Vrindāvan* sollten sie ihr ganzes Leben damit verbringen, sich nach der Rückkehr des Herrn zu sehnen….doch sie kommt niemals."

Amma lachte, gab aber zu verstehen, dass sie eine andere Meinung vertrat: „Sie hatten Hingabe, aber kein Wissen", erklärte sie. „Wo Finsternis herrscht, braucht man mehr Licht. Wir sollten öfter dort hinfahren!"

Während die Devotees, die mit Amma reisten, das Verhalten dieser Anhänger scharf kritisierten, war Amma in der Lage, sich in sie hineinzuversetzen und ihre Haltung zu verstehen.

Amma betont immer wieder, dass Zorn Unvermögen darstellt. So wie eine körperlich behinderte Person sich nur mit Schwierigkeiten bewegen kann, ist auch eine leicht reizbare Person unfähig, frei mit anderen zu kommunizieren – die Wut wird immer wieder aufflackern und ihre Beziehungen vergiften. Manchmal stellen wir auch fest, dass einige, die unter schweren körperlichen Behinderungen leiden, von chronischem Ärger befallen sind. Sie können niemand bestimmten für ihr Leiden verantwortlich machen – also sind sie wütend auf Gott. In einigen Fällen nimmt dieser Ärger so viel Raum ein, dass sie unfähig sind, selbst das zu erreichen, was ihnen normalerweise trotz ihrer Behinderung möglich gewesen wäre. So sind sie also in doppelter Hinsicht behindert – zum einen durch ihre körperliche Beeinträchtigung und zum anderen infolge ihres Ärgers. Es gibt einen Jungen, der jetzt im *aśram* lebt; er wurde mit einem starken Gehörschaden geboren. Gleichzeitig litt er an einer angeborenen Herzkrankheit, was es ihm schwierig machte, die Schule zu besuchen. Während der gesamten Ausbildung waren seine Leistungen sehr schlecht, obwohl er den nötigen Privatunterricht und besondere Unterstützung erhielt, die ihn in die Lage hätten versetzen können, erfolgreich abzuschneiden. Seine Familie und seine Lehrer vermuteten, dass er einfach nicht besonders intelligent wäre. In Wirklichkeit war er verbittert darüber, dass er mit Behinderungen auf die Welt gekommen war und einfach nicht daran interessiert, sich anzustrengen, um Erfolg zu haben. Als er elf Jahre alt war, begegnete seine Familie Amma und entschied sich schließlich dafür, in den *aśram* zu ziehen. Dort gab Amma ihm viel Liebe und Ermutigung und ließ seinen Glauben an Gott wieder aufleben. Als er sah, wie viel sie für ihn getan hatte und wie hart sie arbeitete, um andere glücklich zu machen, ging er schließlich zu ihr und fragte sie, ob auch er etwas *sevā* im *aśram* leisten könnte. Amma bat ihn, dem *brahmacāri* zu helfen, der für die Fax- und Fotokopiergeräte im *aśram* zuständig ist. Da ihm die Verantwortung von Amma persönlich übertragen worden war, nahm er sie sehr ernst und widmete sich seiner Aufgabe mit ganzem Herzen, um alles über die Funktionsweise der Maschinen und der Software, die man für die Arbeit benötigte, zu lernen. Inzwischen weiß er sogar mehr über die ganzen Abläufe als der *brahmacāri*, der für das Büro zuständig ist, und letzterer gibt die besonders komplizierten Arbeiten an diesen talentierten jungen Mann weiter. In Zusammenhang mit seiner Arbeit hat er mit vielen internationalen Besuchern zu tun, und so hat er sich zusätzlich zu seiner Muttersprache sogar einige Englischkenntnisse angeeignet.

Amma erzählt folgende Geschichte.

Es war einmal ein kleines Mädchen, dessen Beine gelähmt waren. Sie war dazu verurteilt, ihr ganzes Leben im Rollstuhl zu verbringen. Dieses Mädchen pflegte anderen Kindern beim Spielen zuzuschauen, wenn sie jeden Tag auf dem Spielplatz in der Nähe ihres Hauses zusammenkamen. Da sie an ihren Spielen nicht teilnehmen konnte, war sie immer sehr traurig über ihre missliche Lage.

Eines Tages, als das Mädchen aus dem Fenster schaute, fing es an zu regnen, während die Sonne schien. Es erschien ein wunderbarer Regenbogen, und das kleine Mädchen war außer sich vor Freude, ihn zu sehen. Sie vergaß sogar ihre Traurigkeit und ihren Schmerz. Nach ein paar Augenblicken jedoch verschwand der Regenbogen. Der Kummer des Mädchens kehrte zurück, und sie hoffte, dass der Regenbogen bald wiederkommen würde.

Jeden Tag blickte sie erwartungsvoll zum Himmel hinauf, doch niemals tauchte der Regenbogen auf. Schließlich ging sie zu ihrer Mutter und fragte sie: „Mama, wann werde ich den Regenbogen wieder sehen?"

Die Mutter tröstete ihre Tochter und sagte: „Mein Kind, wenn es regnet und zur gleichen Zeit die Sonne scheint, wird der Regenbogen wieder erscheinen." Das kleine Mädchen fuhr fort, voller Vorfreude zu warten.

Dadurch vergaß sie viel von ihrem Schmerz und ihrem Leid. Obwohl sie immer noch die Kinder auf dem nahe gelegenen Spielplatz sah, hörte sie auf, sich aufgrund ihrer Behinderung traurig zu fühlen. Stattdessen war sie ganz von Hoffnung und Erwartung erfüllt, dass der wunderschöne Regenbogen bald wieder erscheinen würde. Eines Tages war es dann endlich soweit: Es fing an zu regnen, während die Sonne noch schien, und der Regenbogen tauchte wieder auf. Das kleine Mädchen war so aufgeregt. Sie wollte dem Regenbogen so nahe kommen wie nur möglich und bestand darauf, dass ihre Mutter sie zu ihm brächte. Die Mutter wusste, dass der Regenbogen sehr bald verschwinden würde. Trotzdem wollte sie ihre Tochter nicht enttäuschen. So fuhren sie die Straßen hinunter, und schließlich sagte die Mutter zu ihrer Tochter: „Lass uns hier anhalten. Von hier aus haben wir einen wunderbaren Ausblick."

Das kleine Mädchen starrte verzückt zum Regenbogen hinauf. In einem sanften und freundlichen Ton fragte sie: „O Regenbogen, wie bist du nur so schön geworden?"

Der Regenbogen antwortete: „Ich war genauso traurig wie Du. Ich empfand Schmerz in mir, wenn ich all die Feierlichkeiten um mich herum sah und gleichzeitig wusste, dass ich nur so kurze Zeit zu leben hatte. Dann aber dachte ich bei mir: ‚Warum sollte ich mich unglücklich fühlen? Warum sollte ich traurig sein? Obwohl ich nur für ein paar Sekunden erscheine, kann ich diese kurze Zeit nutzen, um andere glücklich zu machen. Ich sollte meine Traurigkeit vergessen und anderen Freude bereiten.' Als mir dieser Gedanke kam, wurde ich immer schöner und schöner. Der bloße Gedanke, andere glücklich zu machen, hat mir diese Farbenpracht verliehen."

Während der Regenbogen noch zu dem Mädchen sprach, verblasste er langsam. Als er vollständig verschwunden war, fasste das Mädchen den Entschluss: „Wie der Regenbogen will auch ich, anstatt mir Sorgen um mich selbst zu machen, mein Bestes versuchen, andere glücklich zu machen."

Wir mögen viele Gründe haben traurig, aufgebracht oder niedergeschlagen zu sein. Statt über unsere eigenen Probleme zu brüten, wollen wir lieber daran denken, was wir für die Welt tun können. Mit der rechten Einstellung und der Gnade eines wahren Meisters wie Amma können wir unsere negativen Eigenschaften wie Zorn, Ärger und Hass in Liebe und Mitgefühl umwandeln.

❀

KAPITEL 13

Das größte Wunder ist eine Wandlung des Herzens

„Gott erschafft aus dem Nichts. Man sagt, dies sei
wunderbar. Das ist sicher richtig, aber er tut etwas,
was noch wunderbarer ist: Aus Sündern macht er Heilige."

– Sören Kierkegaard

Bevor wir zu Amma kamen, gab es viele Dinge, von denen wir nicht gedacht hätten, dass wir sie jemals tun würden. In einer indischen Familie zum Beispiel ist es nicht üblich, dass die Mutter den Söhnen erlaubt, irgendwelche Hausarbeiten zu verrichten. Nie hätten wir uns träumen lassen, mitten in der Nacht Sandsäcke zu tragen, Toiletten zu reinigen, die von Hunderten von Menschen benutzt worden waren oder barfüßig bis zu den Hüften in einem Abwasserbecken zu stehen. Bevor wir zu ihr kamen, hätten wir derartige Tätigkeiten abgelehnt, selbst wenn uns jemand ein Vermögen dafür geboten hätte. Doch plötzlich entdeckten wir, dass wir es sogar gerne taten. In Ammas Anwesenheit vergaßen wir alles und waren fähig, über unsere früheren konditionierungen hinauszugehen.

Obwohl es ihnen am Anfang vielleicht Schwierigkeiten bereitet, entsagen viele Devotees der Anhaftung an wohlschmeckendes Essen und andere Annehmlichkeiten, um in Ammas Gegenwart zu leben. Was ihnen, bevor sie zu Amma kamen, große Probleme bereitet hätte, berührt sie nun nicht im Geringsten. Ich erinnere mich an einen Vorfall, der sich während einer von Ammas Touren in Indien ereignete und diese Bewusstseinsveränderung auf deutliche Weise illustriert. Innerhalb der Tour-Gruppe grassierte ein Magen-Darmvirus. Durch eine kurze Behandlung mit Antibiotika wurde die Krankheit problemlos kuriert, doch unbehandelt verursachte sie heftigen Durchfall. Ein Teilnehmer der Tour versäumte es, dem Arzt von seinen Symptomen zu erzählen; er dachte wahrscheinlich, sein Zustand würde sich ohnehin bald verbessern. Auf der nächsten Fahrt jedoch, als er im Begriff war, den Bus für eine kurze Toiletten-Pause zu verlassen, verlor er die kontrolle über seinen Darm. Es braucht kaum erwähnt zu werden, dass dies ein überaus peinlicher Moment für ihn war, doch die anderen Mitreisenden verhielten sich alle sehr freundlich zu ihm. Während ein paar der Männer ihn an einen ruhigen Ort brachten, wo er sich gründlich waschen konnte, reinigten die anderen Fahrgäste den Bus. Es wäre zu erwarten gewesen, dass nun ein Streit darüber entstanden wäre, wer das Ganze sauber machen sollte. Der Busfahrer vielleicht? Sicherlich hätte der eher seinen Job aufgegeben, als solch eine widerliche Aufgabe zu übernehmen. Wer sollte es also machen? Würden sie eine Münze werfen, Strohhalme ziehen oder eine Reinigungsfirma anrufen?

Es entstand in der Tat eine Debatte, doch in einem Bus, der besetzt war mit Ammas Kindern, entstand eine völlig andere Art der Auseinandersetzung. Jeder behauptete, die einzig geeignete Person zu sein, die den Bus säubern könnte, und voller Eifer stolperten sie übereinander, um sich gegenseitig zu helfen. Am Ende war es eine gemeinsame Arbeit, an der fast jeder teilnahm: Wasser in Eimern vom nahe gelegenen Brunnen holen, Seife verteilen, kehren, schrubben, aufwischen und schließlich den Boden des Busses trocknen. Am Ende war der Bus sauberer als vorher, ebenso wie Herz und Gemüt der Reisenden.

Natürlich vollzieht sich solch eine Umwandlung in der Regel nicht über Nacht. Oftmals geschieht es, wie Amma bemerkt, dass jemand, der als *brahmacāri* oder als *brahmacārinī* in den *aśram* kommt, zunächst erwartet, dass man ihm die Art von *sevā* zuteilt, die ihm behagt. Um diesen Punkt zu verdeutlichen, erzählt Amma folgende Geschichte.

Ein Mann kam einmal mit gefalteten Händen zu einem *guru*. Er erklärte, er sei all dessen, was die Welt zu bieten habe, überdrüssig und wolle den Rest seines Lebens damit verbringen, dem *guru* zu dienen.

„Ist das so?", fragte der Meister. „Auf welche Weise wünscht Ihr denn, mir zu dienen?"

„Wenn Ihr es erlaubt", sagte der Mann in respektvollem Ton, „würde ich gern als Euer Berater fungieren."

Man mag hoch gebildet oder als Manager in einer Firma tätig gewesen sein und viele Menschen beaufsichtigt haben, und doch ist es durchaus möglich, dass Amma einen bittet, im Kuhstall zu arbeiten, Mist zu schaufeln und die Kühe zu säubern und zu füttern. Sie sagt, dass das *sevā*, welches einem vom *guru* zugewiesen wird, in Wirklichkeit nur dazu dient, über die eigenen Vorlieben und Abneigungen hinauszuwachsen. Zu diesem Zweck wird der Meister einem speziell die Art von Aufgabe übertragen, von der er weiß, dass man sich nicht aus freien Stücken für sie entscheiden würde.

Während meiner ersten Jahre als *brahmacāri* bat Amma mich, meinen Beruf als Bankangestellter beizubehalten, obwohl ich bereits im *aśram* lebte. Als sie mir schließlich erlaubte, die Position dort aufzugeben, fühlte ich mich glücklich und befreit; ich dachte, nun könnte ich mich wie die anderen *brahmacāris* im *aśram* mehr der spirituellen Praxis widmen. Um diese Zeit herum spendete jemand dem *aśram* einen Lieferwagen und Amma wählte mich aus, ihn zu fahren, da ich der einzige im *aśram* war, der einen gültigen Führerschein besaß. Ich war glücklich, Amma und die *brahmacāris* fahren zu dürfen, wann immer auswärtige Programme anstanden. Gleichzeitig jedoch übertrug Amma mir die Aufgabe, Nahrungsmittel und anderen Proviant für den *aśram* einzukaufen. Das bedeutete, dass ich fast jeden Tag zu fahren hatte. Vorbei war es mit meinen Träumen, mich für viele Stunden in spirituelle Praxis zu vertiefen. Zwar nahm ich an den meisten alltäglichen spirituellen Aktivitäten teil, die zur Aśram-Routine gehörten, wie etwa der Mantrarezitation, der Meditation, dem Studium der Schriften oder hingebungsvollen Gesängen. Es war aber mein Wunsch, mehr als nur die vorgeschriebene Anzahl von Stunden auf diese Übungen zu verwenden. Doch während des Fahrens war es nicht möglich, etwas anderes zu tun als das *mantra* zu chanten, das Amma mir gegeben hatte.

Mehrere Jahre später erhielten auch ein paar der anderen brahmacāris eine Fahrerlaubnis. Meine Fahrer-Tage waren vorbei, und abermals freute ich mich auf die Gelegenheit, mich mehr nach innen zu wenden. Zu dieser Zeit hatte Amma bereits ihre weltweiten Touren begonnen und Devotees aus vielen Ländern besuchten nun den aśram. Nun bat Amma mich, die internationalen Besucher zu begrüßen und mich um sie zu kümmern. Sie trug mir auf, mindestens fünf Stunden täglich darauf zu verwenden, mit den Menschen zu sprechen und ihnen meine Hilfe anzubieten. „Amma, ich hatte eigentlich vor, jetzt, da ich nicht mehr zu fahren brauche, mehr Zeit mit Meditation und spiritueller Praxis zu verbringen", sagte ich zu ihr. „Nun bittest Du mich, fünf Stunden am Tag mit Leuten zu sprechen – was ist mit meinem sādhana?"

„Ebendies ist Dein sādhana", antwortete sie. Obwohl ich anfangs unschlüssig war, stellte ich bald fest, dass die Devotees hauptsächlich nur über eine Sache sprechen wollten, und das war Amma. Dies half mir dabei, während des ganzen Tages auf

Amma konzentriert zu bleiben. Vielleicht haben Sie schon einmal etwas über Geh-Meditation gehört, doch was Amma mir aufgetragen hatte, war sicherlich eine neue Form von sādhana – die „Sprech-Meditation."

So wie in diesem Beispiel wird alles, was der Meister uns zu tun bittet, zu unserem *sādhana* und seinen Anweisungen einfach mit Aufrichtigkeit und Hingabe zu folgen, ist genauso förderlich wie andere spirituelle Übungen.

Bis vor ein paar Jahren pflegte ich zu Beginn des *Devī-bhava-darśan* [1] oder auf Ammas internationalen Touren ihr zu Ehren das *ārati* auszuführen. Eines Tages äußerte sie, einige Leute seien verstimmt über die Tatsache, dass das *ārati* immer von einem *Swami* und niemals von einer *Swaminī* oder *brahmacārinī* ausgeführt würde. Um ihren Standpunkt zu respektieren, sagte Amma, solle von nun an *Swaminī Krishnamritaprāna* das *ārati* zu Beginn eines jeden *Devī-bhava-darśan* zelebrieren.

Da es mir wirklich eine Freude gewesen war, das *ārati* für Amma zu zelebrieren, empfand ich eine gewisse Enttäuschung darüber, diese Position nun zu verlieren. Natürlich akzeptierte ich Ammas Entscheidung mit einer positiven Geisteshaltung und erinnerte mich daran, dass wir immer von den Anweisungen eines wahren Meisters profitieren, ob sie uns nun gefallen oder nicht.

Amma sagt, dass der Arzt zuerst den Eiter entfernen muss, bevor er die Wunde behandelt. Das schmerzt uns vielleicht ein wenig, doch ist es nur zu unserem eigenen Besten. Selbst wenn wir aufschreien, wird ein guter Arzt fortfahren, die Wunde zu säubern, weil er weiß, dass sich andernfalls alles verschlimmern

---

[1] Das *ārati* wird traditionell am Ende einer Verehrungszeremonie ausgeführt und besteht darin, brennenden Kampfer vor dem Anbetungsgegenstand hin und her zu schwenken. *ārati* symbolisiert Überantwortung – ebenso wie der Kampfer, welcher bei dem Ritual verwendet wird, vollständig verbrennt, ohne Spuren zu hinterlassen, löst sich auch das Ego im Verlauf der Hingabe an Gott oder den Meister völlig auf.

und zu einem ernsten Problem entwickeln würde. In vergleichbarer Weise leiden wir alle an der Krankheit von samsāra; aus diesem Grund sind wir schließlich zu Amma gekommen. Wenn es aber unsere Absicht ist, unser wahres Selbst zu erkennen, wird es zu Ammas Pflicht, die Negativität in uns zu beseitigen. Dieser Prozess ist natürlich schmerzhaft; zuweilen wird Amma etwas sagen, das unser Ego verletzt oder sie wird uns bitten, das Gegenteil von dem zu tun, was wir tun wollen. Dennoch sollten wir solchen Situationen gegenüber keinen Widerstand leisten und Ammas Behandlung in dem Wissen akzeptieren, dass sie dazu dient, uns zu bessern. Wir erleben solche Situationen regelmäßig bei der Arbeit, wenn auch unser Chef kein spiritueller Mensch ist und uns mit einiger Sicherheit nicht mit göttlicher Gnade zu überschütten beabsichtigt. Warum können wir uns dann in Ammas Händen jenem Prozess nicht freudig unterziehen? Der wahre Meister wird uns niemals darum bitten, etwas zu tun, was gegen den *dharma* gerichtet ist, und der Lohn wird größer sein als der, den wir im Büro erhalten. Ammas einziges Ziel ist es, die Göttlichkeit in uns zum Vorschein zu bringen.

Um zu verdeutlichen, wie man die Disziplin, die der Meister uns abverlangt am besten umsetzt, erzählt Amma oft die Geschichte Srī *Rāma*s und seines geliebten Schülers *Hanuman*. Einst wurde *Rāma* von dem Weisen *Viśvamitra* befohlen, einen König namens *Yayāti* zu töten, welcher den Weisen unabsichtlich beleidigt hatte. Der König war ein rechtschaffener Mann, und *Rāma* war über diese Anweisung nicht sehr glücklich; andererseits konnte er den Befehl *Viśvamitras*, den er als seinen *guru* betrachtete, nicht einfach ignorieren. So zog er also aus, um *Viśvamitras* Forderung zu erfüllen. Als König *Yayāti* von dieser Nachricht erfuhr, eilte er zu *Anjana Devī*, *Hanumans* Mutter, und bat um ihren Schutz. Noch bevor sie ihn fragte, worin die gefährliche Situation für ihn eigentlich bestand, gewährte sie ihm seine Bitte und sprach: „Mache Dir keine Sorgen, mein Sohn *Hanuman* wird Dich vor aller Gefahr schützen."

Als der König jedoch gestand, dass es *Rāma* selbst war, der ihn zu töten beabsichtigte, begann *Anjana Devī*, an dem Versprechen, welches sie gerade gegeben hatte, zu zweifeln, denn sie konnte den Gedanken nicht ertragen, dass ihr Sohn mit *Rāma* kämpfen würde. Doch *Hanuman* gestattete nicht, dass sie ihr Wort zurücknahm. „Es ist unsere Pflicht, diejenigen zu beschützen, die bei uns Zuflucht suchen", sagte er zu seiner Mutter. „Ich erlaube nicht, dass irgendjemand *Yayāti* zu nahe kommt. Wir müssen jedem, der sein Feind ist, entgegentreten."

So kam es, dass *Hanuman Śrī Rāma* traf, während dieser nach dem König suchte. Weinend fiel er *Rāma* zu Füßen: „Herr, bitte sei freundlich zu *Yayāti*! Töte ihn nicht – er ist unschuldig. Lass ihn in Frieden."

Rāma jedoch war nicht gewillt, *Yayāti* zu vergeben. „Ich muss ihn töten. Ich habe mein Wort gegeben und kann es nicht zurücknehmen."

„Ich verstehe Deine Loyalität gegenüber *Viśvamitra*", sagte *Hanuman*. „Doch meine Mutter hat versprochen, *Yayāti* zu beschützen, und ich bin ebenfalls verpflichtet, dieses Versprechen zu halten – wenn Du ihn also töten willst, musst Du zuerst mich umbringen! Solange noch Lebensatem in diesem Körper ist, werde ich nicht erlauben, dass *Yayāti* getötet wird."

Rāma zog seinen Bogen hervor und traf Vorbereitungen, *Hanuman* mit Pfeilen zu beschießen. Dieser jedoch erhob weder seine Arme, noch hielt er ein Schild vor seinen Leib. Er stand vielmehr mit gefalteten Händen da und chantete wie immer den Namen *Rāma*s. In dem festen Entschluss, sein Wort zu halten, begann der Herr, einen Pfeil nach dem anderen auf seinen Verehrer abzuschießen. Obwohl *Rāma* nicht ein einziges Mal sein Ziel verfehlte, steckte kein einziger Pfeil in *Hanumans* Körper, denn sobald ihn ein Pfeil erreichte, verwandelte er sich jedes Mal in eine herrliche Blume. Durch *Hanumans* unerschütterliche Hingabe wurde selbst der Zorn des Herrn in eine Segnung umgewandelt. Schließlich musste *Śrī Rāma* seine Niederlage eingestehen – *Hanuman* hatte ihn nicht durch Widerstand überwunden, sondern durch Liebe und Hingabe.

Ebenso, sagt Amma, sollten auch unsere Liebe und Hingabe an den *guru* so groß sein, dass wir selbst seine Disziplinierungen als wunderbaren Segen akzeptieren können.

Der Anfang des *Devī-bhāva* ist nicht das einzige Mal, wo das *ārati* für Amma zelebriert wird; es wird auch nach den abendlichen *bhajan*s und während der *pāda pūja* (rituelles Baden der Füße des Meisters) ausgeführt, welche jedes Mal stattfindet, wenn Amma die Halle anlässlich eines Programms betritt. Bei diesen Gelegenheiten wird das *ārati* jedes Mal von einem anderen Devotee bzw. einer anderen Gruppe von Devotees durchgeführt. Während der *pāda pūja* stehen die *Swamis* hinter Amma und chanten vedische *mantras*, während die Devotees Ammas Füße zeremoniell baden und das *ārati* zelebrieren. Ein paar Tage, nachdem Amma mich gebeten hatte, das *ārati* nicht mehr zu machen, folgte ich ihr, als sie die Veranstaltungshalle zum morgendlichen *darśan* betrat.

Der Devotee, der das *ārati* für Amma zum ersten Male durchführen sollte, wurde plötzlich von Unruhe ergriffen. Seine Hände begannen heftig zu zittern, und er verstreute den brennenden Kampfer auf dem Boden. In der Hast, die Flammen auszulöschen, dachte anscheinend niemand daran, das *ārati* auszuführen. Um einen Traditionsbruch zu verhindern, sprang ich nach vorne und nahm das Tablett aus den Händen des Devotees, der in diesem Moment aussah, als ob er im Erdboden versinken wolle. Nachdem die anderen *Swamis* das Chanten der *mantras* beendet hatten, zelebrierte ich das *ārati* für Amma. Tatsächlich ereigneten sich während dieser Tour noch zwei andere Vorfälle ähnlicher Art, welche in mir die letzten Spuren des Kummers bezüglich dieser ganzen Ārati-Angelegenheit beseitigten. Selbst wenn Amma uns bittet, etwas zu tun, was wir nicht tun möchten, besänftigt ihre mütterliche Liebe und göttliche Gnade den empfangenen Schlag.

Vor einigen Jahren trat ein junger Mann aus dem Westen dem *aśram* bei und wurde *brahmacāri*. Aus irgendeinem Grund entschied er sich, die ganze Zeit bei den indischen *brahmacāris* zu verbringen und vermied es so weit wie möglich, mit anderen Leuten aus dem Westen zusammenzutreffen. Er wohnte mit indischen *brahmacāris* in einem Zimmer, aß mit ihnen und machte auch sein *sevā* mit Indern. Ganze Tage vergingen, in denen er nicht ein einziges Wort mit einer Person aus dem Westen wechselte, obwohl sich hunderte von ihnen im *aśram* aufhielten. Eines Morgens, als er vom indischen Frühstück aufstand, umgeben von seinen indischen Brüdern, dachte er mit einem Gefühl großer Befriedigung bei sich: „Nun ist mein Leben perfekt! Ich kann all meine Zeit mit alteingesessenen indischen Bewohnern des *aśram* verbringen, die einen guten Einfluss auf mich ausüben und muss überhaupt nicht mit Westlern zusammen sein." Kaum eine dreiviertel Stunde später erhielt der junge Mann die Nachricht, Amma wünsche ihn zu sehen. Es war das erste Mal, dass sie das tat, und erwartungsvoll begab er sich zu ihr. Als er vor ihr niederkniete, bat sie ihn liebenswürdig: „Hättest Du etwas dagegen, im International Office zu arbeiten?" Dies ist das Büro des *aśram* für internationale Angelegenheiten. Es ist für die Unterbringung der internationalen Besucher und für administrative Dinge zuständig; zuweilen fungiert es auch als „friedensstiftende" Institution. Durch diesen einen Satz Ammas war das „perfekte Leben" des jungen Mannes auf den kopf gestellt.

In der Natur beobachten wir, dass eine Vogelmutter ihre Jungen oftmals aus dem Nest wirft, um ihnen das Fliegen beizubringen. In ähnlicher Weise lässt der spirituelle Meister uns manchmal schwierige Erfahrungen durchmachen, um uns dabei zu helfen, Stärke zu entwickeln. Doch ebenso wie die Vogelmutter ihr Kleines nur heraus- stößt und auf sich alleine gestellt sein lässt, wenn sie sicher ist, dass es dazu bereit ist, so konfrontiert uns auch der spirituelle Meister nicht mit einer Situation, die wir nicht bewältigen können. Manchmal sind Kämpfe genau das, was wir in unserem Leben benötigen. Wäre uns erlaubt, ohne Hindernisse durchs Leben zu gehen, wären wir nicht so stark wie wir hätten sein können. Viele unserer Talente offenbaren sich nur im Angesicht des Kampfes oder wenn Not aufkommt. Wenn wir niemals geprüft werden, ersticken unsere innewohnenden Talente und Fähigkeiten.

Unzählige Male hat Amma gesagt, dass sie von uns weder etwas verlangt noch benötigt. Ihr einziger Wunsch ist, dass wir unsere Begrenzungen überwinden, um zu einem Zustand wahren Glücks zu gelangen. Wir glauben manchmal vielleicht, wir würden Amma dienen, tatsächlich jedoch ist sie es, die uns dient. Sie ist bereits in sich erfüllt und vollkommen, sie braucht von niemandem etwas, um glücklich zu sein. Doch aufgrund ihrer Barmherzigkeit will sie jeden von uns ebenfalls dort hinbringen.

Natürlich sind es nicht nur die Bewohner des *aśram*, die durch Amma verändert wurden. Man nehme zum Beispiel die Dorfbewohner, die in der Nähe des *aśram* leben. Die Leser von "Letztendlicher Erfolg" erinnern sich vielleicht an die Geschichte, als Amma den Dorfbewohnern *prasād* zuwarf, bevor sie den *aśram* für eine Auslandstour verließ. Zu jener Zeit kamen die Dorfbewohner nicht aus ihren Häusern, um Amma vorbeigehen zu sehen; sie ließen die *Prasād*-Bonbons einfach auf dem Boden liegen – nur die Kinder waren an ihnen interessiert. In letzter Zeit jedoch zeigt sich ein ganz anderes Bild.

Als Amma 2005 den *aśram* verließ, um auf Europatour zu gehen, säumten die Bewohner des *aśram* den Weg von Ammas Wohnung bis zur Straße am Strand. Diesmal endete der Pfad jedoch nicht dort – selbst zu dieser frühen Stunde schien das ganze Dorf bereits wach zu sein; sie standen vor ihren Häusern und fassten sich gegenseitig an den Händen. Vor vielen Häusern waren Lampen angezündet; die ganze Familie – Mütter, Väter, Kinder und Großeltern – hatten bereits geduscht und warteten in der Nähe der Lampen auf Amma, die gleich vorbeikommen musste. Sanft pulsierte das *mantra „Om Amriteśvaryai namah"* im Einklang mit den Wellen, die gegen die Küste brandeten. Langsam bewegte sich Ammas Wagen die Straße entlang, um an jeder angezündeten Lampe anzuhalten. Die Dorfbewohner streckten ihre Arme aus und Amma drückte ihnen Bonbons in die Hand. Nachdem Amma vorbeigegangen war, konnte man viele Leute Tränen vergießen sehen. Andere chanteten noch immer Ammas Namen; wieder andere murmelten gerührt: „Sie hat meine Hand berührt, sie hat mir ein Bonbon gegeben!" Manche aber standen still und regungslos da und unterdrückten ihre Tränen.

Viele Menschen hörten die *mantras* und sprangen aus ihren Betten, um noch einen Blick auf Amma zu erhaschen, während andere mit triefenden Haaren und Kleidung, die noch nass war, direkt aus dem Badezimmer kamen. Die Szene erinnerte mich an eine von Amma oft erzählte Geschichte über die *gopi*s von *Vrindāvan*. Einst hörten sie, dass *Śrī Krishna* an den Ufern der *Yamuna* zu tanzen wollte. Sie ließen alles stehen und liegen und liefen sofort aus dem Haus. Einige von ihren waren gerade damit beschäftigt, ihren Eyeliner aufzutragen und waren erst mit einem Auge fertig. Andere hatten ihre Fußkettchen nur an einem Knöchel angebracht. Diejenigen, welche in der Küche beschäftigt waren, sahen furchtbar aus, da sie sich unabsichtlich das Gesicht mit ihren rußbedeckten schmutzigen Händen beschmiert hatten.

Diejenige *gopi*, die ihrem Mann gerade das Mittagessen aufgetragen hatte, kam angelaufen mit der Schöpfkelle in der Hand, während eine andere *gopi*, die den Hof gekehrt hatte, als sie den Ruf vernahm, noch den Besen in der Hand hielt. Die bloße Erwähnung des Namens des Herrn genügte den *gopis*, all ihre Arbeit liegenzulassen und zu den Ufern der *Yamuna* zu laufen.

Was die Veränderung im Verhalten und in der Einstellung der Leute in der Nähe von Ammas *aśram* anbelangt, so kommentierte ein Dorfbewohner, der als Soldat tätig ist, das Ganze so: „Vor dem Tsunami glaubten wir alle, *Kadal Amma* (Mutter Meer) sei unsere Beschützerin. Als aber die See im Begriff war, uns zu zerstören, war es Amma, die uns beschützte. Amma ist mächtiger als das Meer."

Nur wenige Tage zuvor säumten die Dorfbewohner die anlässlich Ammas zweiundfünfzigsten Geburtstages die Straßen. Auch dies war neu im Vergleich zu früheren Tagen: Zum ersten Mal war Ammas Geburtstag gleichzeitig ein Feiertag für sie. Es ging dabei um mehr als nur darum, sich einen Tag frei zu nehmen; es signalisierte vielmehr den deutlichen Unterschied in der Einstellung der Dorfbewohner. Nach allem, was Amma in der Folge der Tsunami-Katastrophe für sie getan hatte, war es kein Wunder, dass sie sich dazu entschlossen, den Tag von Ammas Geburt als holy-day[2] aufzufassen. Dies waren dieselben Leute, die in früheren Jahren Steine geworfen, Amma Beleidigungen entgegengeschleudert und sich über Jahre hinweg geweigert hatten, einen Fuß in den *aśram* zu setzen.

Kürzlich kam der Vater eines Kindes, das in Amrita Vidyalayam (Ammas Grundschule) aufgenommen wurde, zum *darśan*.

Er hatte ganz offenbar Schwierigkeiten, seine Emotionen zurückzuhalten, und als er in Ammas Arme fiel, fing er an zu

---

[2] Ein nur im Englischen mögliches Wortspiel: „holiday" bedeutet „Urlaub"; „holy day" bedeutet „heiliger Tag".

schluchzen. Wie es sich zeigte, waren dies keine Tränen des Kummers sondern der Dankbarkeit und Freude.

Ein paar Tage zuvor war er in die Schule seines Sohnes eingeladen worden, um an einem Programm teilzunehmen, welches Ammas Schulen nun seit mehreren Jahren veranstalten. Um dazu beizutragen, den Kindern Respekt und Liebe für ihre Eltern einzuflößen, organisieren die Schulen des *aśram* Massenzeremonien, bei welchen die Kinder die Füße ihrer Eltern zeremoniell baden. Die traditionelle Verehrungsform basiert auf folgender Anweisung aus der *Taittirīya Upanishad*:

Mātṛdevo bhava pitṛdevo bhava (1.11.2.)

„Die Mutter sei (dir) Gott, der Vater sei (dir) Gott."

Der Mann blickte in Ammas Augen. „Als mein Sohn meine Füße zu waschen begann, fragte ich mich selbst: ‚Wer bin ich, dass man mich auf diese Weise verehrt? Ich bin einer solchen Zeremonie nicht würdig.'" Dann erzählte er erzählte Amma, dass er sein Lebtag nicht ein einziges Mal die Füße seiner Eltern berührt, geschweige denn eine pāda pūja ihnen zu Ehren ausgeführt hatte.

Als er dann aber, so erzählte er weiter, nach Hause zurückgekehrt sei, habe er sich durch die Zeremonie seines Kindes inspiriert gefühlt, folgendes zu tun: Das nächste Mal, als er seine eigene Mutter besuchte, warf er sich ihr zu Füßen – in Verehrung und Anerkennung für alles, was sie während ihres ganzes Lebens für ihn getan hatte.

„Als ich die Füße meiner Mutter berührte, konnte sie es gar nicht glauben", sagte der Mann. „Nun, zum ersten Mal seit sechsunddreißig Jahren respektiere und liebe ich sie. Erst als ich mich vor ihr niederbeugte, erkannte ich, was sie mir wert ist. Darauf segnete sie mich liebevoll und zärtlich. Sie sagte: ‚Welche schlechten Gefühle ich dir gegenüber auch immer gehegt haben mag – nun sind sie ausgelöscht.'"

Dann dankte er Amma überschwänglich für ihren Beitrag, in der kommenden Generation wieder traditionelle Werte zu etablieren. „Du, Amma, hast mich die Größe der Mutterschaft gelehrt. Ich werde immer in Deiner Schuld stehen. Du bist die Mutter von allen."

Als Amma im Februar 2005 das tamilische Tsunami-Hilfsprogramm in Sri Lanka besuchte, kam auch eine Gruppe der Tamil Tigers – es handelte sich um Angehörige der LTTE – zu ihrem *darśan*, ebenso wie einige Soldaten der regierungstreuen singalesischen Einsatztruppe STF. Singalesen und Tamilen liefern sich seit 1983 einen blutigen Bürgerkrieg, in welchem bis jetzt mehr als 60 000 Menschen getötet wurden.

Viele Angehörige der LTTE, die zu Ammas *darśan* kamen, waren junge Frauen; an ihrem kurzen Haarschnitt, ihren Männerhemden und schwarzen Pistolengürteln konnte man erkennen, dass es sich bei ihnen um Soldatinnen handelte. Als diese Frauen vor Amma erschienen, milderten sich ihre verhärteten Züge, und ein Lächeln erstrahlte auf ihren Gesichtern. Da sie sich nicht sicher waren, ob Amma Tamil sprechen würde, baten sie eine der Regierungs - beamtinnen, die zu dieser Zeit nahe bei Amma stand, für sie zu übersetzen. Dies war vielleicht der bemerkenswerteste Augenblick, denn hier erbat eine Gruppe von Kämpferinnen Hilfe von einer Repräsentantin ebenjenes Staates, den zu beseitigen sie sich geschworen hatten. Die Funktionärin war überwältigt zu sehen, wie die beiden Gruppen ohne Blutvergießen oder auch nur einer Spur von Feindseligkeit zusammenkamen. „Amma ist die einheitsstiftende Kraft", sagte sie. „Nur Amma kann diese Leute zusammenbringen."

Eine solche Wandlung ist nur in Gegenwart eines wahren Meisters möglich. Amma sagt, das größte Wunder, das man vollbringen kann, ist nicht die Materialisation eines Gegenstandes aus dem Nichts, da wir ja nichts manifestieren können, was nicht bereits in der Schöpfung existiert. Das größte Wunder, sagt Amma, besteht darin, eine tiefgreifende Wandlung im Herzen eines Menschen zu bewirken.

Dieses Wunder vollbringt Amma jeden Tag ihres Lebens.

❀

KAPITEL 14

Mit Gott sprechen

„Das Gebet verändert nicht Gott,
doch es verändert den Betenden."

— *Soren Kierkegaard*

W enn die Meditation eine stille Gemeinschaft mit Gott ist, so kann man das Gebet damit vergleichen, ein Gespräch zu beginnen. Amma sagt, das wahre Gebet solle in Dankbarkeit gesprochen werden; die meisten von uns beten jedoch mit irgendeinem Wunsch im Herzen; nur wenige beten einfach aus Dankbarkeit und Liebe zu Gott, ohne irgendeinen Nutzen zu erwarten. Doch worin immer unser Motiv auch bestehen mag, so ist doch zweifellos Vertrauen (śraddha) das entscheidende Charakteristikum des Betens. Es sind Vertrauen und Intensität, die unsere Gebete Früchte tragen lassen. Amma gibt als Beispiel das Absenden eines Briefes. Selbst wenn wir das Porto entrichten, wird unser Brief niemals seinen Bestimmungsort erreichen, wenn wir nicht die Adresse auf den Briefumschlag schreiben. Auch wenn wir behaupten, wir hätten Vertrauen in Gott, so ist doch gegenwärtig unser Vertrauen oftmals sehr oberflächlich. Amma erzählt dazu folgende Geschichte.

Ein Mann, der zu Füßen eines Berges lebte, hatte eine Geliebte, die auf der anderen Seite des Berges wohnte. Wann immer er sie sehen wollte, musste er eine lange Reise um den Berg herum machen, da dieser zu hoch und zu tückisch war, um ihn zu übersteigen. Eines Tages erinnerte er sich des biblischen Sprichwortes, wonach jemand, der auch nur das Vertrauen von der Größe eines Senfkornes besitze, Berge versetzen könne. Obwohl er kein sehr religiöser Mensch war, meinte er doch, zumindest so viel Vertrauen zu besitzen. Also setzte er sich jeden Morgen hin und betete mit geschlossenen Augen: „O Herr, bitte verrücke diesen Berg, damit ich meine Geliebte von meinem Vorgarten aus sehen kann." Nach Beendigung des Gebetes ging er vor sein Haus, um nachzusehen, ob der Berg sich bewegt hatte oder nicht. Diese Prozedur wiederholte sich mehrere Monate lang, doch der Berg bewegte sich nicht ein einziges Mal. Schließlich gab sich der Mann geschlagen und schimpfte: „Ich habe doch von Anfang an gewusst, dass er sich nicht bewegen würde!"

Tatsächlich ist wirkliches Vertrauen äußerst selten. Es gibt die Geschichte eines Dorfes in Indien, das mehrere Jahre unter einer Dürreperiode zu leiden hatte. Nachdem sie überall gesucht hatten, machten die Einwohner schließlich einen Priester ausfindig, der berühmt war für seine Fähigkeit, Regen zu erzeugen, indem er ein kompliziertes *yajña* (Ritual) ausführte. Nachdem man alle Vorbereitungen getroffen hatte, war schließlich der große Tag gekommen. Tausende von Menschen hatten sich versammelt, um dabei zu sein, wenn der Priester die Zeremonie durchführen würde, die unmittelbar nach ihrer Beendigung strömenden Regen herbeiführen sollte. Inmitten all dieser Menschen hatte nur eine einzige Person einen Regenschirm mitgebracht, und zwar ein kleiner Junge. Als die Leute ihn kommen sahen, fragten sie ihn: „Wieso hast Du einen Schirm mitgebracht? Die Sonne brennt doch heute gar nicht so heiß."

Der Junge antwortete mit einer Gegenfrage: „Soll es denn heute nicht regnen?" Obwohl die Dorfbewohner alle Mühen auf sich genommen hatten, einen Priester zu finden, der das *yajña* durchführen konnte, glaubte niemand von ihnen ernsthaft daran, dass es wirklich regnen würde. Der weitere Verlauf der Geschichte war jedoch der, dass das unschuldige Vertrauen des kleinen Jungen mit dem Schirm das Ritual zu einem großen Erfolg werden ließ: Unmittelbar nach dessen Beendigung ging ein riesiger Wolkenbruch nieder.

Wir versäumen es niemals, nach Gott zu rufen, wenn wir Beistand benötigen. Doch allzu oft, wenn die „zufällige" Lösung eines Problems vor uns auftaucht, fehlt uns das Vertrauen, zu akzeptieren, dass Gott gerade dabei ist, unser Gebet zu beantworten. Es war einmal eine Frau, die von einem Arzttermin im Krankenhaus nach Hause eilte. Der Arzt hatte sich verspätet, deshalb hinkte sie ihrem Zeitplan hinterher. Zuerst musste sie noch ihre Medizin abholen, dann die Kinder von der Babysitterin abholen; daraufhin nach Hause fahren und das Abendessen zubereiten, schließlich noch am Elternabend in der Schule teilnehmen. Als sie auf der Suche nach einem Parkplatz im Kreis um das geschäftige Einkaufszentrum herumfuhr, fing es heftig an zu regnen. Obwohl sie nicht der Typ war, Gott wegen eines kleinen Problems zu belästigen, begann sie zu beten, als sie in die Reihe einbog, die sich dem Haupteingang am nächsten befand. „Gott, du weißt, was ich für einen Tag gehabt habe, und immer noch ist schrecklich viel zu tun. Könntest du mir bitte jetzt gleich eine Parklücke geben, und wenn du schon gerade dabei bist, könnte es vielleicht ganz in der Nähe des Eingangs sein, damit ich nicht völlig nass werde?" Sie hatte ihren Satz kaum vollendet, als sie die Rücklichter eines Wagens ganz am Ende der Reihe hervorkommen sah. Es war der beste Parkplatz, gleich neben dem für Behinderte und direkt vor der Eingangstür des Einkaufscenters. Während sie dort einparkte, sagte sie: „Nichts für ungut, Gott, aber ich komme später auf meine Bitte zurück – hier hat sich gerade etwas ohne deine Hilfe ergeben!" Amma sagt, dass ein wahrer Suchender jede Situation im Leben als ein Geschenk betrachtet, das von Gott oder vom *guru* kommt. Dem höchsten Wesen gegenüber Dankbarkeit zu empfinden und auszudrücken für all das, was uns gegeben wurde, das ist wirkliches Beten. Nicht als ob Gott oder der *guru* unseren Dank und unsere Ehrerbietung benötigen; es ist zu unserem eigenen Besten, uns daran zu erinnern dass alles, was wir bekommen haben, ein Geschenk ist. Zumindest für die Dauer unseres Gebetes sind wir nicht egoistisch – vor Gott sind wir demütig. Beten kultiviert auf natürliche Weise unsere Demut und hilft uns, die Grenzen unserer eigenen Stärke zu erkennen.

In letzter Konsequenz sind wir alle hilflos. Amma sagt, dass selbst die Macht, einen Finger zu bewegen, allein von Gott stammt. Wenn wir zu jeder Zeit eine andächtige Haltung bewahren, sind wir in der Lage, demütig zu werden und auf diese Weise die göttliche Gnade in unser Leben einzulassen. Amma sagt: „Selbst wenn der Regen auf den Berggipfel fällt, so bleibt er doch nicht dort; er fließt in niedriger gelegene Regionen. Ebenso fließt auch göttliche Gnade auf natürliche Weise demjenigen zu, der Demut entwickelt hat."

Selbst wenn wir ein Stück Schokolade essen, sagt sie, sollten wir uns an den Hersteller der Schokolade erinnern – während wir uns an der Schöpfung erfreuen, sollten wir uns an den Schöpfer erinnern. Was immer wir auch im Leben erfahren, sei es gut oder schlecht, ist das Resultat unseres prārabdha karma. Gegen gute Erfahrungen haben wir nichts einzuwenden; wir beschweren uns niemals über sie. Ebenso sollten wir, wenn wir schlechte Erfahrungen machen, Trost daraus schöpfen, dass wir wieder etwas mehr von unserem prārabdha karma aufgebraucht haben. Auch sollten wir uns daran erinnern, dass es andere gibt, denen es noch weitaus schlechter geht.

Einmal war ein junger Mann mit seinem Latein am Ende. Er sah keinen Ausweg mehr und fiel betend auf die Knie. „Herr, ich kann nicht mehr", sagte er. „Die Last, die ich zu tragen habe, ist zu groß."

Als er seine Augen öffnete, entdeckte er, dass sich seine Umgebung vollständig gewandelt hatte. Er kniete in einem riesigen Raum, und Gott stand vor ihm. „Mein Sohn", sprach Gott zu ihm, „wenn du die Last nicht tragen kannst, lege sie einfach in diesem Zimmer ab. Du kannst dir dafür irgendeine andere aussuchen."

Der Mann fühlte sich erleichtert. „Danke, Gott", seufzte er und stellte fest, dass seine Probleme und Sorgen die Gestalt eines Bündels auf seiner Schulter angenommen hatten. Dann tat er, was Gott ihm gesagt hatte. Er sah sich um und entdeckte viele verschiedene Bündel; einige waren so riesig, dass mehrere Leute nötig gewesen wären, um sie auch nur aufzuheben. Nachdem er lange Zeit in dem Raum umhergegangen war, erspähte er schließlich eine winzige Tasche, die herrenlos in einer Ecke lag.

„Ich möchte diese nehmen, Gott", flüsterte er.

Der Herr antwortete: „Sohn, dass ist doch diejenige, die du mit hereingebracht hast."

Manchmal, wenn unsere Gebete unbeantwortet bleiben, mögen wir uns fragen, ob Gott uns ignoriert oder sich in Urlaub befindet. Doch sollten wir uns daran erinnern, dass seine Perspektive viel weiter ist als unsere. Es gibt eine Geschichte über eine Ameise, die *tapas* machte, um eine Vision Gottes zu erhalten. Ihre Absicht war, Ihn um die Gunst zu bitten, dass jeder, der von einer Ameise gebissen würde, sterben müsse. Gott wusste, dass solch eine Gunst katastrophale Folgen für die Menschheit haben würde, doch schließlich war das *tapas* der Ameise so intensiv, dass Gott es nicht ablehnen konnte, ihr seinen *darśan* zu geben und ihr einen Wunsch zu gewähren. Als er jedoch die Ameise fragte, was sie wolle, stellte er sicher, dass ihre Bitte einigen Interpretationsspielraum übrig ließ. Voller Aufregung rief die Ameise aus: „Ja, Herr, ich habe etwas auf dem Herzen. Wann immer eine Ameise eine Person beißt, soll sie sterben."

Gott antwortete: „Deine Bitte sei erfüllt – wann immer eine Ameise eine Person beißt, wird die Ameise sterben." Dann verschwand er, bevor die Ameise noch Gelegenheit hatte, ihre Bitte zu verbessern. Bis auf den heutigen Tag hat eine Ameise, welche einen Menschen beißt, bekanntlich nur noch eine sehr kurze Lebenserwartung.

Nur aufgrund der Tatsache, dass Gott nicht alle Gebete beantworte, gebe es noch ein wenig Harmonie auf Erden, hat Amma oft gesagt. Man bedenke nur: Der Barkeeper betet um mehr Kunden, der Arzt betet um mehr Patienten und der Totengräber um eine Seuche.

Wenn keine *mahātmas* auf Erden sind, geht alles seinen normalen Gang gemäß dem Gesetz des *karma*. Ein *mahātma* jedoch besitzt die Macht, unser *karma* zu verändern (in dem Umfang, wie wir bereit geworden sind, seine Gnade zu empfangen). In diesem Sinn kann gesagt werden, dass *mahātmas* wie Amma sogar noch barmherziger sind als Gott. Als Ammas Devotees haben viele von uns erfahren, dass selbst unsere einfachen Gebete erhört werden. Wir haben vielleicht lange Zeit zu Gott gebetet, ohne irgendeine Antwort zu erhalten. Amma jedoch erhört unsere Gebete sehr schnell, auch wenn wir es nicht verdient haben. Wenn wir sie um etwas bitten, was wir uns wünschen – solange es niemand anderen verletzt und sich im Einklang mit dem *dharma* befindet, wird sie uns ganz sicher helfen.

Wenn wir zu einem unsichtbaren Gott beten, mag es uns vielleicht schwer fallen, dies mit großer Intensität zu tun. Wenn wir aber zu jemandem wie Amma beten, die wir sehen, hören und berühren können, werden wir auf natürliche Weise in die Lage versetzt, es mit mehr Liebe und Vertrauen zu tun. Diese Intensität hilft auch dabei, sicherzustellen, dass unsere Gebete von ihr erhört werden.

Einer von Ammas *brahmacāris* erzählte mir folgende Geschichte:

Es gibt einen westlichen Devotee, der nun schon seit mehreren Jahren in den aśram nach Indien kommt. Normalerweise geht er mit auf die Nordindientour – einmal war er jedoch nicht dabei. Als er im darauf folgenden Jahr wiederkam, fragte der brahmacāri ihn nach dem Grund seines Fernbleibens im Jahr zuvor. Der Devotee erklärte, dass er während seiner letzten Tour mit Amma die Gelegenheit hatte, neben ihr zu sitzen, während sie darśan gab, und ihr das Bonbon sowie das Päckchen mit Vibhuti (heilige Asche) anzureichen, das sie jedem Devotee als prasād mitgab. Als der Mann Amma das prasād übergab, kam eine Frau in seinem Alter zum darśan. Er fand sie zauberhaft – sie schien genau der Typ zu sein, den er sein ganzes Leben lang gesucht hatte. Nun bedenke man, wir sind in Indien, Amma gab also an jenem Tag 30 000 oder mehr Menschen darśan; daher läuft bei ihr alles sehr schnell ab. Als er ihr nun das nächste Päckchen prasād übergab, betete er: „Amma, warum kannst du nicht eine Frau voller Liebreiz wie diese für mich finden?" In diesem Augenblick unterbrach Amma das, womit sie gerade beschäftigt war. Sie drehte sich um, schaute direkt in seine Augen und schenkte ihm ein strahlendes Lächeln. Dann fuhr sie mit dem darśan fort. Der Mann dachte nicht groß darüber nach, doch als er in sein Heimatland zurückkehrte, traf er eine Frau, die derjenigen Frau, welche er damals bei Ammas darśan gesehen hatte, sehr ähnlich sah. Der Mann und die Frau begannen sich öfter zu sehen und schließlich verliebten sie sich ineinander. Amma hatte seinen Wunsch erfüllt.

Für ein gutes Jahr nahm die Beziehung ihren Lauf; dies war auch der Grund, warum er im Jahr zuvor nicht nach Indien gekommen war. Nach einiger Zeit jedoch begannen sie sich wegen kleinerer Dinge zu streiten; dann wurden aus den kleinen Dingen große Dinge, und bald darauf trennten sie sich wegen „unüberbrückbarer Differenzen".

Wenn wir zu Amma oder zu Gott beten, damit sie uns etwas gewähren, was wir gerne hätten – ein neues Auto, einen besseren Beruf, eine schöne Frau oder einen gut aussehenden Ehemann – sollten wir uns immer daran erinnern, dass alle weltlichen Dinge kommen und gehen und ebensoviel Schmerz wie Freude bringen.

Vor dem Beginn des *Mahābhārata*-Krieges begaben sich *Arjuna* und *Duryodhana* zu *Śrī Krishna*, um seinen Beistand für den Gewinn des Krieges zu erbitten. *Arjuna* kam im Namen der *Pāndavas* und *Duryodhana* im Namen der *Kauravas*, den Feinden der Pāndavas.

Beide Männer erreichten das Haus des Herrn fast gleichzeitig, *Duryodhana* war nur ein paar Augenblicke früher da als *Arjuna*. Sie betraten das Haus und gingen in *Śrī Krishna*s Schlafzimmer, wo sie ihn noch schlafend vorfanden. Am Kopfende von *Śrī Krishna*s Bett befand sich ein reich verzierter Stuhl, auf den sich *Duryodhana* setzte. *Arjuna*, auf natürliche Weise demütig gegenüber *Śrī Krishna*, stand mit gefalteten Händen ehrerbietig nahe bei den Füßen des Herrn. So kam es, dass *Arjuna* es war, den *Śrī Krishna* zuerst erblickte, als er seine Augen öffnete, obwohl doch *Duryodhana* als erster das Schlafzimmer des Herrn betreten hatte. *Śrī Krishna* fragte die beiden Männer, was sie wollten.

Duryodhana, der Anführer der unredlichen *Kauravas*, sprach: „Herr, ich möchte Deine Hilfe, um den Krieg gegen die Pāndavas zu gewinnen. Da ich zuerst hier war, solltest Du meiner Sache den Vorzug geben."

Śrī Krishna blieb gelassen: „Es stimmt, dass Du zuerst hier warst, doch war es *Arjuna*, auf welchen ich zuerst meine Augen richtete. Also helfe ich euch beiden. Einer von euch kann meine ganze Armee haben mit ihren Millionen von Soldaten, Elefanten, Pferden und Wagen, der andere aber bekommt nur mich allein. Ich werde weder Waffen tragen, noch in den Kampf eingreifen; ich will vielmehr der Wagenlenker des Betreffenden sein. *Arjuna* ist jünger als Du, *Duryodhana*, und es wird gesagt, dass dem Jüngeren die erste Wahl gebührt. Lassen wir also *Arjuna* zuerst wählen."

„Herr, ich erwähle Dich allein", sagte *Arjuna*, ohne auch nur einen Augenblick zu zögern. Du allein bist meine Zuflucht, und ohne Dich an meiner Seite würde ich nicht einmal wünschen, den Krieg zu gewinnen."

Duryodhana lachte matt: „Was für ein Glück für mich, dass mein Feind ein solcher Narr ist! Selbst wenn ich die erste Wahl gehabt hätte, würde ich deine Armee genommen haben, die dafür berühmt ist, noch niemals eine Schlacht verloren zu haben. Wenn ich Deine Streitkräfte den meinigen hinzufüge, werden die *Pāndavas* arg in der Minderheit sein, und ich werde den Krieg mit Sicherheit gewinnen.

Der Rest ist bekanntlich Geschichte. Trotz der überwältigenden Stärke der Armee der *Kauravas* gewannen die *Pāndavas* den Krieg.

Arjuna bat nicht um materielle Hilfe; er bat nur um die Gnade, die Hilfe und die Führung des Herrn. Am Ende erlangte er sowohl Reichtum wie auch Gnade, während Duryodhana nichts übrigbehielt – nicht einmal sein Leben. Es ist auch von hohem Wert, sich das Gebet Kuntis in Erinnerung zu rufen, der Mutter der Pāndavas und eine weibliche Devotee Krishnas. Sie pflegte zum Herrn immer nur um eine Sache zu beten: „Herr, gib mir mehr und mehr Sorgen, damit ich fähig bin, mich deiner zu erinnern." Wenn wir die Welt Gott zuliebe aufgeben, werden wir nicht notwendigerweise das bekommen, was wir uns wünschen – wir bekommen vielmehr das, was wir brauchen.

Lasst uns allein Gott und seine Gnade suchen, ohne darum zu beten, materielle Wünsche erfüllt zu bekommen! Göttliche Gnade bewirkt sowohl materiellen Wohlstand als auch spirituelle Entwicklung.

Natürlich ermutigt Amma uns immer, für andere wie auch für den Frieden und das Wohlergehen der ganzen Welt zu beten. Dies kann nicht als selbstsüchtiges Gebet betrachtet werden, denn wir beten ja für andere, und unser Geist weitet sich.

Während eines Sturmes auf See ging einst ein Schiff unter. Es gab nur zwei Überlebende, die sich schwimmend auf eine kleine unbewohnte Insel retten konnten. Dort kamen die beiden gestrandeten Seeleute überein, dass es für sie keine andere Rettung gab, als zu Gott zu beten.

Um sich besser auf ihre Gebete konzentrieren zu können, gingen sie getrennte Wege und ließen sich auf den entgegengesetzten Seiten der Insel nieder. Die erste Sache, um welche sie beteten, war Nahrung.

Am nächsten Morgen tauchte plötzlich ein Früchte tragender Baum auf der Seite des ersten Mannes auf. Er war in der Lage, die Früchte zu pflücken und ein herzhaftes Mahl zu sich zu nehmen. Die Seite des anderen Mannes blieb kahl, so dass er hungern musste.

Nach einer Woche empfand der erste Mann, dass er einsam war und betete um eine Frau. Am nächsten Tag strandete ein anderes Schiff, und die einzige Überlebende war eine Frau, die auf seine Seite schwamm.

Bald danach betete der Mann um ein Haus, um Kleidung und noch mehr Nahrung. Am nächsten Tag wurden ihm wie durch ein Wunder all diese Dinge gegeben. Der andere Mann hatte immer noch nichts.

Schließlich betete der erste Mann um ein Schiff, mit welchem er und seine Frau die Insel verlassen konnten. Am Morgen fand er ein Schiff, das auf seiner Seite der Insel vor Anker lag. Er ging mit seiner Frau an Bord und entschloss sich, den anderen Mann zurückzulassen.

Als das Schiff im Begriff war, in See zu stechen, donnerte von oben eine Stimme herab: „Warum lässt du deinen Kameraden im Stich?"

„Diese Segnungen gehören mir allein, da ich derjenige war, der um sie gebetet hat", antwortete der erste Mann. „Seine Gebete blieben alle unbeantwortet. Offenbar verdient er nicht, gerettet zu werden."

„Du irrst dich!", rügte ihn die Stimme. „Er sprach nur ein einziges Gebet, und das wurde erhört. Tatsächlich hättest du ohne dieses Gebet nicht das Geringste erhalten."

„Was war denn sein Gebet, für welches ich ihm angeblich Dank schulde?" fragte der erste Mann.

Die Stimme antwortete: „Er betete darum, dass alle deine Gebete erhört würden."

Amma beendet ihre Programme immer mit einem Gebet für die ganze Welt. Kürzlich bat sie ihre Kinder, sich speziell an diejenigen zu erinnern, die ihr Leben oder ihnen nahe stehende Personen bei Katastrophen in irgendeinem Teil der Welt verloren haben. Amma schließt in ihren Gebeten alle mit ein – diejenigen, welche beim Erdbeben in Kashmir und Pakistan starben, bei den Flutwellen in Bombay und Südamerika, beim Tsunami in Südostasien und den Hurrikans in den USA; ebenso sind die Flüchtlinge im Irak sowie die Kriegstoten und Opfer terroristischer Anschläge davon betroffen.

„Die Tragödien, die wir jetzt durchleben, sind noch nicht zu Ende", sagte Amma am Ende des Jahres 2005. „Die Natur ist weiterhin zornig und aufgewühlt. Nur die kühle, sanfte Brise göttlicher Gnade kann die Wolken der Wut, des Hasses und der Rachsucht zerstreuen. Also lasst uns beten mit überfließendem Herzen." Viele von Ammas Devotees haben geäußert, wie Recht Amma hatte, als sie im Jahre 2002 voraussagte, dass das Jahr 2005 ein Jahr der Tragödie für die Welt werden würde und ihre Kinder bat, aus allen Teilen des Erdballs anlässlich von Amritavarsham 50, ihrem 50. Geburtstag, zusammenzukommen. Dieses Ereignis nahm die Form eines kollektiven Gebetes für Frieden und Harmonie in der Welt an. Oft spricht Amma über die Macht des Gruppengebetes. Was Amritavarsham 50, als Hunderttausende versammelt waren, anbetrifft, so sagte sie, dass wir zwar einzeln kleinen Kerzen gleichen mögen – wenn wir aber zusammenkommen um für den Frieden und das Wohlergehen aller Wesen zu beten, kann unser Licht die ganze Welt erhellen.

❀

KAPITEL 15

Sannyāsa – ein Geisteszustand

„Mit wenig zufrieden zu sein ist die größte Weisheit;
Diejenigen, welche ihren Reichtum vermehren,
vermehren auch ihre Sorgen.
Ein zufriedener Geist jedoch ist ein verborgener Schatz;
Der Kummer findet ihn nicht."

— *Pharao Akhenaten*

Wenn wir davon sprechen, die Seligkeit, die Freude oder den Frieden im Inneren zu finden, denken viele Leute, dass man solche Dinge am besten Mönchen überlässt und dass keine Hoffnung besteht, diese Bewusstseinszustände von Erfüllung zu erreichen, ohne in einem Kloster oder einem *aśram* zu leben. Tatsächlich ist in einer Zeile von *Śankaras*s Lehrgedicht „Fünf Verse über das spirituelle Leben" folgendes zu lesen:

Nijagṛhāttūrṇaṁ vinirgamyatāṁ

„Verlasse vollständig und ohne zu zögern dein eigenes Heim."

In der heutigen Welt ist es schwierig, diese Instruktionen wörtlich zu befolgen. In früheren Zeiten waren die Menschen von Jugend an darauf vorbereitet, den Schritt endgültiger Entsagung, zumindest gegen Ende ihres Lebens, zu vollziehen. Die Veden teilten das menschliche Leben in vier Phasen oder *aśramas* auf, und jedermann wuchs mit dem Verständnis auf, dass auch er alle diese vier Lebensstufen durchlaufen würde.

Die erste Lebensstufe wird *brahmacarya* genannt. In dieser Zeit wurde das Kind bzw. der Jugendliche in einem *gurukulam* (traditionelles Internat) ausgebildet. Abgesehen von den verschiedenen akademischen Disziplinen belehrte der *guru* den Schüler auch über das Ziel menschlicher Existenz: die Erkenntnis der eigenen Identität mit *Brahman* („*Aham brahma asmi*" = „Ich bin das Absolute."). Der Schüler erhielt ebenfalls alle notwendigen Instruktionen, um ein harmonisches Leben in der Welt zu führen.

Nachdem er das *gurukulam* verlassen hat, kann der Schüler eine Wahl treffen: Entweder verfolgt er mit ganzem Herzen ein spirituelles Leben und wird Mönch (*sannyāsin*), oder er entscheidet sich für das Eheleben und verschiebt *sannyāsa* (Mönchstum) auf eine spätere Lebensphase. *Sannyāsa* wurde als ein wünschenswerter Pfad für jedermann angesehen; die einzige Frage war die nach dem rechten Zeitpunkt.

Jene, die sich dafür entschieden, zu heiraten und Kinder zu bekommen, durchschritten noch zwei weitere Lebensstufen, bevor sie *sannyāsa aśrama* aufnahmen. Die zweite Stufe (nach *brahmacarya aśrama)* wurde *grihasta aśrama* genannt und bestand darin, eine weltliche Karriere zu beginnen, zu heiraten und Kinder zu bekommen. Dieser Lebensabschnitt ermöglichte es einem, seine Wünsche zu erfüllen, durch Lebenserfahrung geistige Reife zu erlangen und außerdem sein Gemüt zu läutern, indem man seine Pflichten und Verantwortlichkeiten, wie sie in den Schriften festgelegt waren, erfüllte. Dadurch, dass man in der Phase von *brahmacarya aśrama* eine gute Erziehung erhalten hatte, verfügte man über eine scharfe Urteilskraft (*viveka*) und erkannte schließlich, dass Wünsche kein Ende haben und einem kein dauerhaftes Glück gewähren. Waren dann die Kinder erwachsen geworden und in der Lage, auf eigenen Füßen zu stehen, so war man bereit für den nächsten Lebensabschnitt, *vānaprastha aśrama* (Waldleben) genannt.

In der Phase des *vānaprastha* zog sich das Paar an einen einsamen Ort zurück (in jenen Tagen war dies gewöhnlich der Wald) und lebte dort wie Bruder und Schwester zusammen. Sie waren nun weitgehend frei von Verantwortung und hatten ein gewisses Maß an geistiger Reife erlangt, so dass sie sich ganz ihren spirituellen Übungen hingeben konnten. Am Ende beschritten sie den Pfad völliger Entsagung, *sannyāsa aśrama*.

In diesem Zusammenhang wird deutlich, dass *Śankarācāryas* Anweisung – Verlasst euer Heim – letztlich nicht so drastisch gemeint ist. Es wurde als der natürliche Verlauf des Lebens eines Menschen betrachtet. In der heutigen Welt jedoch, wo wir uns nicht darauf vorbereitet haben, einen solchen Schritt zu vollziehen, können wir diese Anweisung von einem anderen Blickwinkel aus betrachten. Wir können *Śankarācāryas* Aussage psychologisch interpretieren – wir bleiben in unserem Heim, entwickeln jedoch eine Art innerer Losgelöstheit.

Selbst wenn wir fähig wären, die Anweisung im wörtlichen Sinne zu befolgen, würden wir uns weiterhin den Problemen des Gemütes gegenübergestellt sehen. Immer noch wären unsere verbliebenen mentalen Anhaftungen, Zuneigungen und Abneigungen, Begierden und Ängste zu überwinden.

Amma sagt, das ockerfarbene Gewand, welches die *sannyāsins* tragen, symbolisiere die Verbrennung der Identifikation mit Körper und Gemüt im Feuer der Entsagung. Es steht für das Fehlen jeglichen Verlangens nach weltlichen Errungenschaften; es steht ebenfalls dafür, dass das ganze eigene Leben der Verwirklichung Gottes oder des *Ātman* geweiht ist. Das Gewand ist jedoch, wie gesagt, nur ein Symbol, eine Erinnerung an das Ziel. Einige Menschen haben die Ebene der Entsagung eines *sannyāsin* erreicht, ohne das ockerfarbene Gewand zu tragen. Amma trägt nur weiß, doch ihr Geist ist völlig losgelöst. Im letzten Sinne ist *sannyāsa* ein Zustand des Geistes. Viele Weisen der Hindu-Tradition lebten bei ihrer Familie, doch innerlich waren sie echte *sannyāsins*. Amma sagt, die wirkliche Bedeutung von *sannyāsa* sei innere Loslösung.

Einst ging ein Ehepaar, welches sich im *vānaprastha aśrama* befand, im Wald spazieren. Als der Mann ein paar Edelsteine sah, die auf dem Boden verstreut waren, bedeckte er sie schnell mit Sand. „Warum hast Du das gemacht?", wollte seine Frau von ihm wissen.

„Ich wollte nicht, dass Du die Juwelen siehst", gestand der Ehemann.

„Ich befürchtete, ihr Anblick würde bewirken, dass Du Dich nach den Vergnügungen der Welt zurücksehnst."

„Siehst Du denn diese Steine noch als verschieden von irgendwelchen anderen Kieseln an?", fragte die Frau.

Amma sagt, wir sollten in der Welt leben, so wie Butter auf der Oberfläche des Wassers treibt – obwohl sie sich im Wasser befindet, bleibt sie doch getrennt, losgelöst von ihm. Ein Boot kann auf der Oberfläche des Wassers treiben, doch wenn Wasser ins Boot gelangt, kentert es. In ähnlicher Weise, sagt Amma, sollten wir in der Welt leben, doch die Welt nicht in uns. Natürlich weiß Amma, dass es nicht einfach ist, diese Art innerer Losgelöstheit zu entwickeln. Sie weist uns darauf hin, dass wir uns unser ganzes Leben hindurch an jemanden anlehnen, der uns beisteht. Im Säuglingsalter gibt uns unsere Mutter Milch, wenn wir schreien. Natürlich ist es ihre Aufgabe, das zu tun, doch damit beginnt unsere Abhängigkeit von der äußeren Welt, was Behaglichkeit und Trost angeht. Als Kinder gehen wir zu unserer Mutter, wenn wir etwas haben wollen, und sie tut was sie kann, um unsere Wünsche zu erfüllen. Wenn wir älter werden, verbringen wir weniger Zeit mit unseren Eltern, doch dann sind wir, was Annehmlichkeiten und Bestätigung angeht, auf unsere

Freunde angewiesen. Schließlich verlieben sich die meisten von uns, heiraten, bekommen Kinder und so nehmen die Dinge ihren Lauf. Ich habe eine Geschichte gehört über eine Frau, die diesen Kreislauf der Abhängigkeiten noch erweiterte. Ihr Vater war gestorben, als sie noch jung war. Später bekam sie selber einen Sohn. Eines Tages ging sie zu einem so genannten „Medium". Das Medium behauptete, es sei ihr Vater, der sich nun als ihr Sohn reinkarniert habe. Als sie diese Nachricht hörte, lief sie nach Hause und sagte zu ihrem sechsjährigen Sohn: „O, Papa, ich bin so froh, dass Du wieder da bist!"

Manche Leute behaupten, Losgelöstheit bedeute Abwesenheit von Liebe. Tatsächlich ist es genau diese Losgelöstheit, die Amma dazu befähigt, dieselbe Liebe für alle gleichermaßen zu empfinden. Wenn wir jemanden lieben, hängen wir an dieser Person und sind unfähig, dasselbe Ausmaß von Liebe auch für andere zu empfinden – all unsere Liebe konzentriert sich nur auf diesen einen Menschen oder höchstens auf eine kleine Anzahl von Leuten.

Amma hat Millionen von Devotees, und betrachtet jeden als ihr eigenes Kind. In jeder Minute des Tages macht zumindest einer von ihnen eine Krise durch oder leidet auf irgendeine Weise – sie erkranken vielleicht, werden verletzt oder haben einen finanziellen Verlust zu beklagen. Wenn ein Kind in Not ist, leidet die Mutter normalerweise mit und kann an nichts anderes denken. Wäre Amma ebenfalls an ihre Kinder gefesselt, wäre sie unglücklich und würde die ganze Zeit denken: „Mein Kind befindet sich in einem elenden Zustand." Sie wäre somit nicht fähig, sich auf die Arbeit zu konzentrieren oder die zu erfreuen, die gerade bei ihr sind. Natürlich empfindet sie Kummer und drückt ihn auch aus, wenn ihre Kinder unglücklich sind. Sie erlaubt diesem Gefühl jedoch nicht, sie zu überwältigen. In diesem Sinn ist sie vollkommen losgelöst. Gleichzeitig liebt sie uns alle bedingungslos und ewig.

Höchstens noch unsere leibliche Mutter wird möglicherweise ihr ganzes Leben unserem Glück und unserem Wohlergehen widmen. Am Ende wird sie sterben, wird abermals eine Geburt annehmen und eine völlig neue Familie haben. Wir werden ihr dann nichts mehr bedeuten – sie wird uns vollkommen vergessen haben. Im Gegensatz hierzu wird Amma uns niemals vergessen. Sie hat versprochen, uns zum Ziel zu führen und sie ist bereit, dafür jede Anzahl von Geburten auf sich zu nehmen.

Auch wir sollten versuchen, auf eine ähnliche Weise zu leben und zu lieben. Amma sagt, dass gewöhnliche Liebe wie ein Teich ist, der Bakterien ausbrütet; wenn wir einem Menschen verhaftet sind, entstehen automatisch Ärger, Groll und Eifersucht in uns. Liebe, die frei ist von Anhaftung, sagt Amma, fließt hingegen wie ein Stromdahin. Ein Fluss kann nicht durch irgendeinen Stein oder Baumstamm blockiert werden; er fließt einfach über sie hinweg, um sie herum, oder unter ihnen hindurch. Selbst wenn wir liebevoll und zärtlich zu unseren Kindern, unseren Eltern oder Lebenspartnern sind, sollten wir uns dennoch daran erinnern, dass unser wahres Selbst nicht berührt wird von dem, was ihnen widerfährt.

Eines Tages begegnete der große Weise Ādi *Śaṅkarācārya* einem *caṇḍāla*[1] mit vier Hunden. *Śaṅkaras* forderte ihn auf, zur Seite zu treten, damit er seinen Weg fortsetzen könne. Ohne sich zu bewegen, fragte der *caṇḍāla* den Weisen: „Was ist es, von dem du verlangst, dass es zur Seite zu tritt? Dieser träge Körper oder der innewohnende *Ātman*? O Großer Asket", fuhr er fort, „du hast

---

[1] Ein Mensch aus niederer Kaste – in einer gewissen historischen Epoche als „Unberührbarer" bezeichnet – der sich um die Leichen am Verbrennungsplatz kümmert. Obwohl die Geschichte auf diese Weise überliefert ist, behaupten manche, dass es einer von *Śaṅkaras*s Schülern war, welcher den *caṇḍāla* aufforderte, zur Seite zu gehen.

dargelegt, dass das Absolute überall ist, in dir wie auch in mir. Ist es dieser aus den fünf Elementen bestehende Körper, welchen du von deinem Körper entfernt halten willst, der ebenfalls aus den fünf Elementen besteht? Oder willst du das reine Gewahrsein (*suddha caitanya*), das hier gegenwärtig ist, von demselben reinen Gewahrsein, welches dort gegenwärtig ist, getrennt halten?"

Sofort erkannte *Sankaras* seinen Fehler. Er beugte sich vor dem *candāla* nieder und komponierte auf der Stelle fünf Verse, in denen er zum Ausdruck brachte, dass wer auch immer eine solch universelle Vision besäße, in der Tat sein Meister sei. Als der Weise diese fünf Verse vollendet hatte, war der *candāla* verschwunden, und an seinem Platz befand sich nun *Siva*, Gott selbst.

In der *Bhagavad Gītā* erklärt *Srī Krishna*:

Vāsāṁsi jīrṇāni yathā vihāya
navāni gṛhṇāti naro'parāṇi
tathā śarīrāṇi vidhāya jīrṇāny'
anyāni saṁyāti navāni dehī (2.22.)

„So wie man abgetragene Kleider abwirft und neue anzieht, so wirft auch der Verkörperte abgetragene Körper ab und betritt andere, welche neu sind.

Es ist der Ātman, der unseren Körper belebt. Wir sagen „meine liebe Tochter" oder „mein Liebling", wenn aber die von uns geliebte Person stirbt, nennen wir dann ihren Körper vielleicht auch noch „Liebling"? In Wirklichkeit ist es der Ātman, welchen wir lieben, nicht der Körper. Andernfalls würden wir, wenn die Seele den Körper verlässt, fortfahren, den Körper zu lieben, was aber nicht der Fall ist – wir verbrennen oder vergraben die Leiche so schnell wie möglich. In einem bestimmten bhajan, den Amma oft singt, Manase Nin Svantamayi, heißt es an einer bestimmten Stelle:

Etu prāṇa preyasikkuveṇḍi yitratayellāṁ niṅṅgaḷ
Pāṭupeṭunnuṇḍo jīvanveṭinnupolum

„Für welchen Liebling hast du dich all die Zeit abgemüht während du nicht einmal auf dein eigenes Leben achtetest? Selbst siewird erschreckt sein über deinen leblosen Körper und wird dich nach dem Tod nicht begleiten.“

Es gibt noch eine dritte Möglichkeit, *Śaṅkarācāryas* Aussage „Verlasse dein Heim" zu interpretieren: „Heim" bedeutet in dem Fall „Leib" – allmählich sollen wir ein Gefühl der Losgelöstheit gegenüber unserem Körper und seinen Bedürfnissen entwickeln. Das mag wie eine unmögliche Großtat klingen, doch *mahātmas* wie Amma führen klar vor Augen, dass es innerhalb der Reichweite eines Menschen liegt, dies zu schaffen. Es ist für Amma nicht ungewöhnlich, zwanzig Stunden hintereinander *darśan* zu geben, ohne auch nur einmal aufzustehen und ihre Beine auszustrecken. Von ihren Eltern aus dem Haus verwiesen lebte sie als junge Frau mehrere Jahre im Freien – bei strömendem Regen und in sengender Sonne. Einmal lebte sie sechs Monate lang nur von Tulasi-Blättern und Wasser. Selbst nachdem die ersten *brahmacāris* gekommen waren, um im *aśram* zu leben, machte sich Amma niemals Gedanken darüber, wo sie sich zum Schlafen niederlegen sollte. Manchmal schlief sie unter einem kokosnussbaum, manchmal hinter dem Kuhstall, welcher zum ersten Tempel des *aśram* umgebaut worden war, manchmal auch auf dem Sand nahe der Backwaters. Es war kein Problem für sie; Bis in die späte Nacht hinein sang sie *bhajan*s oder meditierte, um sich dann dort hinzulegen, wo sie sich gerade befand.

Selbst heute widmet sie den Bedürfnissen ihres eigenen Körpers keine besondere Aufmerksamkeit, da sie ihr Selbst nicht als auf einen materiellen Leib begrenzt ansieht. Vielmehr sieht sie ihr Selbst überall. So wie der Himmel, der durch ein Fenster betrachtet wird, nicht an den Fensterrahmen gebunden ist, wird Amma nicht durch ihren Körper begrenzt. Gegenwärtig messen wir dem Körper viel zu viel Wichtigkeit bei; wir wollen ihm alle Schwierigkeiten ersparen. Wenn unsere Beine zum Beispiel während der Meditation leicht zu schmerzen anfangen, wollen wir uns nicht der Anstrengung unterziehen, sitzen zu bleiben; Wir wollen aufstehen und weggehen. Amma sagt, dass wir statt des Ātman den Körper anbeten. Selbst wenn wir für eine religiöse Zeremonie in den Tempel gehen, tragen wir unser Makeup auf und kleiden uns in schöne Gewänder. In einem anderen bhajan (Uyirayi Oliyayi) schrieb Amma:

Rudhirāsthi māṁsattāl paritāpa durggandhappuriye
saṁrakṣikkunnu Purivātilppuṟamellāṁ
paripāvanamākkunnu purināthane aṟiyunnila

„Wir schützen diese bemitleidenswerte Stadt (den Körper),
übel riechend, bestehend aus Blut, Knochen und Fleisch...
Wir reinigen allein die Oberfläche dieses Leibes,
ohne dessen Herrn zu kennen."

Amma sagt nicht, wir sollten den Körper vernachlässigen. Er ist unser Fahrzeug auf dem Pfad zur Gottesverwirklichung, und als solches gilt es, ihn in gutem Zustand zu erhalten. Doch sollten wir uns daran erinnern, dass der Körper ein Mittel ist und nicht das Ziel.

Vor vielen Jahren fuhr ich bei einer von Ammas Südindien-Touren ihren Wagen. Die anderen Aśram-Fahrzeuge lagen weit zurück, und Amma bat mich, anzuhalten, um auf sie zu warten. Es war ungefähr 16 Uhr und ein sehr heißer Tag. Als das Auto nicht mehr fuhr, fingen wir alle an, zu schwitzen. Da ich bemerkte, dass auch auf Ammas Stirn Schweißtropfen auftauchten, fragte ich sie, ob ich die Klimaanlage anschalten könnte. Amma antwortete: „Nein, das wäre eine Schwäche. Du stirbst nicht davon, wenn Du schwitzt. Wenn man nicht einmal fähig ist, solch winzige Unbequemlichkeiten zu überwinden, wie kann man dann hoffen, schwierigere Situationen zu meistern?"

Obwohl wir vielleicht nicht fähig sind, unser Körperbewusstsein zu transzendieren, sollten wir uns darin üben, zumindest die grundlegenden Gegensatzpaare zu überwinden: Hitze und Kälte, Angenehmes und Unangenehmes etc. Das heißt nicht, dass wir es unterlassen sollten, warme Kleidung anzuziehen, wenn es sehr kalt ist. Wir müssen unsere Grenzen kennen und daran arbeiten, die Gegensätze innerhalb dieser Grenzen zu überwinden. Das bedeutet, wir sollten nicht zu sehr von äußeren Bedingungen abhängig sein. Im Sommer beklagen wir uns, dass es sehr heiß, im Winter, dass es zu kalt ist; während der Monsunzeit, regnet es uns zu viel. Wie können wir Frieden finden, wenn wir nie aufhören, uns in dieser Weise zu beklagen? Wir wollen uns daher darin üben, zumindest die kleinen Unbequemlichkeiten zu ertragen.

Viele Leute meinen, ein Mönch oder Entsagender zu werden bedeute, man habe keine Verantwortung mehr. Unmittelbar bevor der *Mahābhārata*-Krieg begann, bat *Arjuna Śrī Krishna*, welcher ihm als Wagenlenker diente, seinen Wagen in die Mitte des Schlachtfeldes zu bringen. Von dort übersah *Arjuna* das Lager des Feindes und erblickte viele nahe Verwandte; selbst sein Lehrer im Bogenschießen nahm gegen ihn Aufstellung. *Arjuna* dachte: „Wie kann ich all diese Menschen töten? Es wäre besser für mich, ein *sannyāsin* zu werden." Der Ratschlag, welchen *Śrī Krishna* ihm bei der Lösung dieses Problems erteilte, bildet den Text der *Bhagavad Gītā*. Nachdem er *Śrī Krishna*s göttlichen Rat erhalten hatte, war er fähig, seine Pflicht zu erfüllen, welche darin bestand, die übel gesinnten *Kauravas* mit einer losgelösten Geisteshaltung zu bekämpfen.

Einst lud ein Mann, der Vater von drei Söhnen war, einen *sannyāsin* ein, ihn zu besuchen. Nachdem er ihm Almosen gegeben hatte, sprach er mit ihm über seine drei Söhne. „Mein ältester Sohn ist ein sehr kluger Geschäftsmann", prahlte er. „Durch ihn hat sich die Firma so gut entwickelt, dass man das Personal verdoppeln musste. Der zweite arbeitet in einer anderen Firma und hat so hart gearbeitet, dass sie ihren vorherigen Gewinn inzwischen verdreifacht hat."

„Was ist mit Eurem dritten Sohn?", fragte der *sannyāsin* höflich, und bald trat das eigentliche Motiv der Einladung des Familienvaters ans Tageslicht.

„Er ist ein nichtsnutziger Dummkopf", gestand der Mann kleinlaut. „Er hat bei allen Bemühungen, die er unternommen hat, kläglich versagt. Ehrlich gesagt habe ich mich gefragt, ob nicht Ihr ihn mit euch nehmen und zu Eurem Schüler machen könnt."

Ebenso wie *Arjuna* suchen viele Leute aus Verzweiflung und um den Problemen des Lebens zu entgehen Zuflucht in der Entsagung. Wiederum andere glauben, dass nur jene, die im Leben gescheitert sind, Entsagende werden sollten. Beide Auffassungen sind falsch. Entsagung ist nichts für Leute, die faul sind und keine Verantwortung tragen wollen, sondern für solche, die eine wirkliche Sehnsucht nach der Erkenntnis der Wahrheit besitzen; sie haben eingesehen, dass weltliche Annehmlichkeiten, Erfolge und Beziehungen ihnen bei der Erlangung dieses Zieles nicht helfen können.

Amma erzählt folgende Geschichte, um die wahre Bedeutung und Macht von *sannyāsa* zu illustrieren. Einst kam ein spirituell Suchender zu einem *mahātma* und fragte ihn, was es bedeute, ein sannyāsin zu sein. Der *mahātma* antwortete nicht, sondern warf sofort sein Bündel, das er während seiner Wanderschaft mit sich trug, zu Boden. Der Sucher war mit dieser Antwort nicht zufrieden und jagte hinter dem *mahātma* her. „Wartet!", rief er, „Ihr habt meine Frage nicht beantwortet!"

Die Entgegnung des *mahātma* bestand darin, dass er sich umdrehte, zu dem Bündel zurückging und es sich wieder über die Schulter warf. Er sagte nichts und ging weiter in die Richtung, aus der er gekommen war.

Der hartnäckige Sucher verfolgte den *mahātma* und bettelte ihn an, die Bedeutung seiner Handlungen zu erklären. Schließlich hielt der Heilige an und sprach: „Als ich das Bündel niederwarf, bedeutete das den Verzicht auf alle Anhaftung an Gegenstände oder Menschen in der Welt. Als ich es wieder aufnahm, bedeutete es, die Last der Welt auf meine Schulter zu laden; nur jemand, der losgelöst ist, kann der Welt wirklich dienen."

Losgelöst zu werden muss nicht heißen, sich von der Welt und ihren Angelegenheiten völlig zurückzuziehen. Amma gibt das Beispiel eines Bankmanagers oder eines Kassierers. Durch seine Hände gehen an einem Tag mehr Zahlungsmittel, als er jemals in seinem Leben verdienen wird. Und doch empfindet er keine Anhaftung an dieses Geld, da es ihm nicht gehört. Auch ein Chirurg operiert jährlich hunderte von Patienten und tut sein bestes, um die Gesundheit von Patienten zu verbessern oder sogar ihr Leben zu retten. Er berät und tröstet die Angehörigen, und doch empfindet er keine Anhaftung an irgendjemanden von ihnen. Würde dies der Fall sein, wäre sein Leben ein unglückliches; er würde zermürbt werden von Schuld und Sorge. Wenn wir mit den uns nahe stehenden Personen umgehen, sollten wir eine ähnliche Haltung der Losgelöstheit beibehalten. Wie der Bankmanager oder Arzt wollen wir unser Bestes tun, um anderen zu helfen und Glück in ihr Leben zu bringen, ohne übermäßig an sie gebunden oder abhängig von ihnen zu sein. In diesem Sinne können wir den Geisteszustand eines *sannyāsin* entwickeln, selbst wenn wir in der Welt bleiben – wir erfüllen unsere Verantwortung und sorgen für die uns Nahestehenden, ohne unsren inneren Frieden aufzugeben.

❀

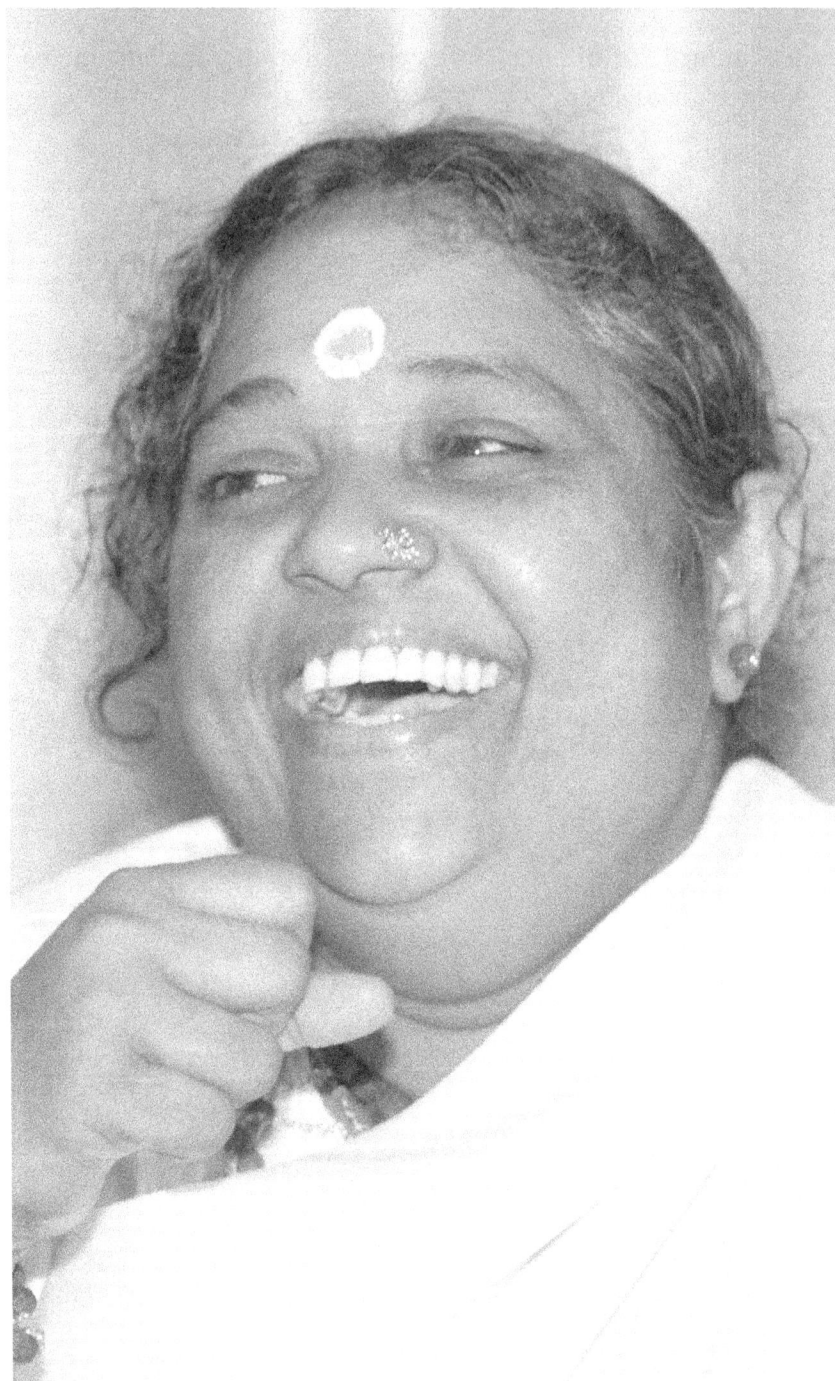

KAPITEL 16

„Halte nicht an, bevor das Ziel erreicht ist!"

„Nicht soll Hohn sich als machtvoll erweisen gegenüber denjenigen, welche auf die Stimme der Menschlichkeit hören oder denen, welche auf den Spuren der Göttlichkeit wandeln, denn sie sollen leben auf ewig."

– Khalil Gibran

E s gibt eine Geschichte über den Dichter Rabindranath Tagore. Eines Nachts befand er sich auf einem Hausboot und war ganz mit Lesen beschäftigt. Eigentlich hätte er kein Kerzenlicht gebraucht, denn der Himmel und das Wasser um ihn herum waren vom Vollmond erleuchtet, doch der Dichter war so sehr in sein Buch vertieft, dass er seine Umgebung überhaupt nicht wahrnahm. Tiefe Stille erfüllte die Nacht, nur dann und wann wurde sie unterbrochen vomFlügelschlag eines Vogel, der über Tagores Boot hinwegflog oder auch durch das Plätschern des Wassers, wenn ein Fisch an die Oberfläche des Sees emporschnellte.

Schließlich ermüdete der Dichter und blies die Kerze aus. Da wurde er plötzlich der natürlichen Schönheit seiner Umgebung gewahr. Der bleiche, gelbliche Schein der Kerze hatte bis dahin die leuchtenden Silberstrahlen des Mondes ferngehalten. Ein Fisch sprang auf – und Tagore sah nur noch, wie er gleich wieder ins Wasser eintauchte. Am Himmel trieben ein paar weiße Wolken und spiegelten sich auf der Oberfläche des ruhigen, silbernen Wassers.

„Was für ein Narr ich doch gewesen bin", murmelte Tagore vor sich hin. „In Büchern suchte ich nach der Schönheit, während sie die ganze Zeit an meine Tür klopfte und darauf wartete, eingelassen zu werden. Mit dem Licht einer Kerze suchte ich nach der Schönheit und hielt das Mondlicht fern."

In ähnlicher Weise, begriff Tagore, hindert das bleiche, flackernde Licht unseres Egos uns daran, in Gottes strahlendem Licht gebadet zu werden. Alles, was wir tun müssen, ist die Kerze des Egos auszublasen, aus der Kabine des Hausboots unserer selbstsüchtigen Wünsche hinauszutreten und die Schönheit Gottes in all ihrer Glorie zu erkennen.

Vor etwa 20 Jahren kam einmal ein Mann aus dem Westen in den *āśram*. Wir aßen alle zusammen in dem kleinen damaligen Speisezimmer. Nach dem Essen nahm ich Ammas Teller und ging in die Küche, um ihn zu waschen. In Indien waschen wir normalerweise die Teller nach dem Essen nicht in der Küche, da die Teller, von denen wir gegessen haben, als unrein betrachtet werden, bevor sie gewaschen sind; die Küche, in welcher gekocht wird, muss rein bleiben. Dieser Gast aus dem Westen sah jedoch, wie ich Ammas Teller wusch und wollte seinen Teller ebenfalls dort spülen. Ich erklärte ihm höflich, dass die Teller außerhalb der Küche abgespült werden müssten und dass ich nur Ammas Teller in der Küche reinigte. Er entgegnete, er würde es vorziehen, seinen Teller auch in der Küche abzuwaschen. Erneut bat ich ihn, hinauszugehen und legte ihm dar, dass Amma unser *guru* sei und keine gewöhnliche Person, dass sie sich immer im Zustand des Gewahrseins des Absoluten befinde und es für mich daher völlig in Ordnung sei, ihren Teller in der Küche zu waschen. Er antwortete brüsk: „Auch ich bin das Absolute. Worin besteht der Unterschied zwischen ihr und mir? Ich möchte meinen Teller ebenfalls hier waschen." Seine heftige Reaktion war in sich selbst ein klarer Beweis seiner Unreife und seines Egoismus. Obwohl er behauptete: „Ich bin *Brahman*", identifizierte er sich doch ganz eindeutig mit seinem Körper, seinem Gemüt und seinem Intellekt. Amma sagt: „Ohne spirituelle Praxis kann die Subtilität der Wahrheit kann nicht verstanden und aufgenommen werden." Wenn wir einfach immer nur sagen, „Ich bin *Brahman*", ohne uns den notwendigen Übungen zu widmen, damit wir diese Wahrheit in uns aufnehmen können, gleichen wir dem Mann, der damit prahlte, er könne sogar in völliger Finsternis sehen.

„Wenn das so ist", fragte ihn jemand", „warum sehen wir Dich dann manchmal auf der Straße eine Lampe mit Dir herumtragen?"

„Nur um zu verhindern, dass andere Leute mit mir zusammenstoßen", erklärte der Mann.

Amma erzählt die Geschichte von einem Pandit, der unentwegt „Aham brahmāsmi" („Ich bin *Brahman*") wiederholte, bis schließlich jemand wagte, ihn von hinten mit einer Nadel zu stechen. Wütend begann der Pandit, den „Übeltäter" zu schlagen und zu verfluchen.

Im Gegensatz hierzu gibt es die Geschichte von *Sadā Śiva Brahmendra*, einem *mahātma*, der das wunderbare Lied "*Sarvam brahmamayam*" („Alles ist erfüllt von *Brahman*") komponierte. Dieser Weise aus Tamil Nadu ging für gewöhnlich nackt durch die Straßen, wobei sein Geist eingetaucht war in die Seligkeit des *Ātman*. Eines Tages wanderte er in den Palast des Königs, während dieser gerade mit all seinen Edelleuten, die um ihn versammelt waren, Hof hielt. Der König hielt den *mahātma* für einen Obdachlosen und fasste seine Nacktheit als Beleidigung auf. Er befahl ihm, sich zu bedecken. Der *mahātma* blinzelte nicht einmal mit den Augen, geschweige denn dass er den Versuch gemacht hätte, seinen nackten Körper zu bedecken – er nahm von seiner Umgebung überhaupt keine Notiz.

Als *Sadā Śiva Brahmendra* keine Anstalten machte, dem Befehl Folge zu leisten, versperrte der König ihm den Weg, zog sein Schwert und hieb dem Weisen einen Arm ab. Er war sich sicher, dass der nackte Bettler diese Lektion niemals vergessen würde. Der *mahātma* jedoch bemerkte bloß, dass es ihm nicht möglich war, in dieser Richtung weiterzuwandern und reagierte in der Weise, dass er sich umdrehte und in die entgegengesetzte Richtung fortging.

Als der König des vermeintlichen Landstreichers Reaktion auf seine brutale Bestrafung sah, begriff er, dass er gerade einen *mahātma* angegriffen hatte. Von seinem eigenen Fehler in Furcht versetzt, dachte er bei sich: „Als König habe ich die Pflicht, meine Untertanen zu beschützen, und hier habe ich nun einen der wertvollsten von ihnen angegriffen." In der Absicht, sein eigenes Leben als Pfand einzusetzen, lief der König hinter dem *mahātma* her – mit dem abgetrennten Arm in der einen und seinem Schwert in der anderen Hand. Als er ihn erreicht hatte, beugte er sich vor ihm nieder und ergriff die Füße des *mahātma*, wobei er viele Tränen vergoss und laut schluchzte.

Des Königs intensive Reue zog endlich die Aufmerksamkeit *Sadā Śiva Brahmendras* auf sich – etwas, was das Schwert nicht vermocht hatte. „Worin besteht Dein Kummer?", fragte er den König.

Dieser hielt den abgetrennten Arm des Weisen in die Höhe, gab ihn ihm zurück und sagte: „O, Verehrungswürdiger, vergebt diesem unwissenden Narren, welcher Eurer Heiligkeit so großes Leid zugefügt hat."

„Niemand hat Leid zugefügt und niemand hat gelitten", antwortete der *mahātma*. Als er dies sagte, nahm er seinen eigenen abgetrennten Arm, den der König ihm darreichte an sich und fügte ihn wieder an seinen Körper an. Mit seiner anderen Hand strich er über die Wunde, die sofort heilte. Dies ist kein bloßes Märchen – es geschah vor über 200 Jahren, etwa um die Zeit der amerikanischen Revolution, und die Berichte vieler Augenzeugen sind in den Geschichtsbüchern von Tamil Nadu verzeichnet. Am Ende war es ein Wendepunkt im Leben des *mahātma* wie auch des Königs. Letzterer verzichtete auf den Thron, um ein Leben der Entsagung zu führen, und *Sadā Śiva Brahmendra* gab sein Wanderleben auf, um zu verhindern, dass andere unwissentlich *pāpa* (Sünde) auf sich luden, indem sie ihn angriffen. Ganz offensichtlich bestand die Aussage des Weisen, „Alles ist *Brahman*", nicht in bloßen Worten, sondern war Ausdruck seiner unwiderlegbaren Erfahrung.

Ähnlich verhält es sich mit Ammas Aussage: „Ich bin Liebe; ein ununterbrochener Strom von Liebe fließt von mir zu allen Wesen." Es ist dies keine bloße verbale Behauptung; wir können erkennen, dass es sich in der Gesamtheit ihrer Handlungen widerspiegelt. Während eines darśan erträgt ihr Körper alle Arten physischer Belastung. Die Menschen drücken sie, lehnen sich an sie, knien sich auf ihre Füße, doch niemals wird Amma ärgerlich auf sie. Sie verleiht ihrem Schmerz oder ihrem Unbehagen, welches die Leute ihr zufügen, nicht einmal Ausdruck, damit diese sich nicht schuldig oder gekränkt fühlen. Jeden Tag gibt sie tausenden von Menschen darśan, und jede Person, von der ersten bis zur letzten, empfängt dieselbe Liebe. Amma sagt, dass alles, was sie tut – alle ihre Gedanken, Worte und Handlungen – aus der überströmenden Liebe, die sie für uns empfindet, entspringt. Selbst denen gegenüber, die ihren Tod herbeiführen wollten, ist sie voller Liebe und Freundlichkeit. Dies beweist, dass Amma verankert ist in dem, was sie sagt: „Ich bin Liebe."

Ein Mann fragte sie einmal: „Amma, nachdem ich ein mantra von Dir erhalten habe, als Nächstes tun?"

„Rezitiere es regelmäßig mit Hingabe und Aufrichtigkeit", antwortete sie.

„Und dann?", fragte der Mann.

„Du wirst eine gewisse Konzentrationsfähigkeit entwickeln."

„Und was geschieht danach?", drängte der Mann weiter.

„Du wirst in der Lage sein, Dein Gemüt von Deiner Umgebung zurückzuziehen und für lange Zeit zu meditieren", antwortete Amma geduldig.

„Und danach?"

„Du kannst *samādhi*[1] erreichen."

„Was passiert anschließend?"

„Erreiche erst einmal diese Stufe, dann kannst Du zurückkommen und über die nächsten Schritte Fragen stellen."

Dieser Mann besaß nur intellektuelle Neugier in Bezug auf das spirituelle Leben; er hatte kaum die Absicht, sich der Praxis zu widmen. Amma sagt, einer der wichtigsten Charakterzüge eines Adepten sei das Verlangen, die Wahrheit zu verwirklichen. Ein Mann, dessen Kleidung Feuer gefangen hat, wird keinen Passanten fragen: „Was soll ich tun?" – er wird zu irgendeiner Stelle eilen, wo es Wasser gibt; ob es sauber oder schmutzig ist, interessiert ihn nicht.

Wir sollten dasselbe Gefühl der Dringlichkeit haben – das brennende Verlangen, Gott zu erkennen. Eine lauwarme Einstellung bringt uns nicht weiter. Die Sehnsucht nach Befreiung gleicht dem Schwimmen gegen den Strom in einem Fluss. Alle anderen Wünsche ziehen uns beständig in Richtung der natürlichen Strömung. Unser Gemüt erlaubt uns niemals, still zu sein. Wenn wir versuchen uns ruhig hinzusetzen, revoltiert das Gemüt und protestiert: „Warum soll ich hier an einem bestimmten Platz sitzen, wo es doch so viele interessante Dinge zu tun und

---

[1] samadhi ist ein transzendenter Zustand, in welchem man jegliche Empfindung individueller Identität verliert.

zu genießen gibt? Sei nicht dumm. Steh auf!" Das Gemüt kann es nicht ertragen, am Zügel gehalten zu werden. Wenn wir versuchen, es zu kontrollieren, sträubt es sich und bäumt sich auf. Ein Pferd, das Scheuklappen trägt, kann nur nach vorne blicken. In ähnlicher Weise dürfen wir spirituell Suchenden nicht zulassen, dass unsere Umgebung uns ablenkt; wir sollten unseren Geist immer auf das Ziel ausgerichtet halten. Nur wenn wir *lakshya bodha* (Vorsatz, das Ziel zu erreichen) entwickeln, werden wir konsequent in unserem Streben sein und jede unserer Handlungen wird zu einem *sādhana*.

Wir können nicht behaupten, dies sei unmöglich – wenn wir genau hinschauen, entdecken wir, dass wir bereits die Fähigkeit besitzen, uns eines besonderen Zieles bewusst und auf es fokussiert zu sein. Es gibt zum Beispiel eine Devotee, die oft auf meine Programme in Indien kommt. Selbst über den kleinsten Witz pflegte sie früher hysterisch zu lachen. Dann, an einem bestimmten Tag, als ich wieder einen Vortrag hielt, fiel mir auf, dass sie nicht ein einziges Mal in Lachen ausgebrochen war, obwohl ich an jenem Abend mehrere Witze gemacht hatte. Dies setzte sich in den nächsten Tagen fort. Egal um welches Thema es ging, immer sah sie sehr ernst aus. Da mich dieser Wandel neugierig gemacht hatte, hielt ich, als ich am letzten Tag des Programms an ihr vorbeiging, an und fragte sie, was mit ihr los sei. Sie erklärte, dass sie gerade eine Zahnprothese bekommen hätte und befürchtete, diese würde herausfallen, wenn sie lachte. Obwohl sie, wie sie mir sagte, gerne über meine Witze gelacht hätte, hatte sie sich doch aus lauter Furcht Selbstkontrolle auferlegt, um eine peinliche Szene zu vermeiden. Ihr Ziel war es, zu verhindern, dass ihr Gebiss herausfallen würde, und dieses Ziel befähigte sie, das Lachen zurückzuhalten. Amma sagt, in ähnlicher Weise können auch wir große Disziplin erlangen, wenn wir uns des spirituellen

Lebensziels bewusst sind und aufrichtig danach streben, es zu erreichen.

Über die Wichtigkeit einer regelmäßigen Routine bei der spirituellen Praxis sagt Amma: „Sie gleicht einem Wecker, der uns wach werden lässt. Ein Mann pflegte jeden Morgen um 8 Uhr aufzuwachen. Einmal hatte er ein Bewerbungsgespräch um 10 Uhr, doch um rechtzeitig dort zu sein, musste er um 4 Uhr aufstehen. Der Wecker hilft uns dabei, unsere Achtsamkeit wachsen zu lassen. In ähnlicher Weise benötigen wir grundlegende Regeln so wie ein Kind, das die Grundschule besucht, einen Stundenplan benötigt. Allmählich werden wir Herr über unser Gemüt.“

Amma gibt folgendes Beispiel: Man nehme ein Stück Holz und versuche, es in Wasser einzutauchen. Jedes Mal, wenn es zurück an die Oberfläche kommt, drücke man es wieder nach unten. Sobald man es loslässt, wird das Stück Holz zurück an die Oberfläche treiben. Das Holz bleibt einfach nicht unter Wasser, aber unsere Muskeln entwickeln sich. In ähnlicher Weise wird uns, selbst wenn wir in den frühen Stadien spiritueller Praxis nicht fähig sind, uns zu konzentrieren, das einfache Festhalten an einem Tagesplan dabei helfen, unser Gemüt zu disziplinieren und uns auf der rechten Spur zu halten.

Manchmal hören wir mit unserem *sādhana* auf, weil wir das Gefühl haben, überhaupt keine Fortschritte zu machen. Man denkt vielleicht: „Ich kann das *mantra* nicht mit Konzentration chanten, warum sollte ich also überhaupt damit weitermachen?“ Oder wir hoffen, dass wir während unserer Meditation irgendwelche Erfahrungen machen; wenn dann nichts Spektakuläres geschieht, sind wir entmutigt. Diese Haltung ist nicht in Ordnung; wir müssen bei unseren Bemühungen Ausdauer an den Tag legen. Amma vergleicht es mit dem Schwimmen gegen eine starke Strömung. Wir mögen uns nicht schnell, vielleicht sogar überhaupt nicht von der Stelle bewegen, doch wenn wir mit unseren Anstrengungen aufhörten, würden wir rasch zurücktreiben. Ähnlich verhält es sich mit unserem *sādhana*. Es verhindert zumindest, dass wir vollständig von unseren negativen Tendenzen und selbstsüchtigen Wünschen überschwemmt werden.

Einer von Ammas Devotees, der schon viele Jahre im *aśram* lebt, stellte fest, dass er immer noch unfähig war, sein feuriges Temperament zu kontrollieren. Er fragte Amma, ob er ein Schweigegelübde für ein ganzes Jahr ablegen und die meiste Zeit mit Meditation verbringen könne, und Amma stimmte zu. Für die Dauer eines Jahres konnte er niemanden beschimpfen oder anschreien – auch wenn er hin und wieder in Wut geriet – da er sein Schweigegelübde nicht brechen wollte. Am Ende des Jahres jedoch fing er wieder an zu reden, und schnell wurde klar, dass sich an seinem Charakter nicht viel geändert hatte. Nachdem er von diesem Mann heftig beschimpft worden war, beschwerte sich ein Aśram-Bewohner bei einem *brahmacāri*: „Ein ganzes Jahr lang bestand seine einzige Aufgabe in nichts anderem, als Geduld und Freundlichkeit zu kultivieren, und selbst das hat er nicht geschafft. Was ist der Nutzen von solch einem *tapas*?"

Der *brahmacāri* jedoch war entschlossen, die ganze Sache von der positiven Seite aus zu betrachten: „Zumindest hat er in diesem Jahr niemanden geärgert!"

Das Leben auf dem spirituellen Pfad, sagt Amma, kann auch mit einem Langstreckenflug verglichen werden. Wenn wir im Flugzeug sitzen, haben wir nicht das Gefühl, uns mit großer Geschwindigkeit fortzubewegen, doch in nur wenigen Stunden landen wir in einem anderen Land, welches Tausende von Kilometern entfernt liegt. Wir sollten uns keine Sorgen machen, wenn es uns an Konzentration mangelt – zumindest werden wir das *āsana siddhi*[2] erlangen. Wenn wir uns nicht dazu bringen können,

---

[2] wörtlich: „Vollkommenheit beim Sitzen". *Āsana siddhi* ist der dritte von acht Schritten zur Befreiung, wie sie in den *Patañjali Yoga Sūtras* formuliert

zu meditieren oder das *mantra* zu rezitieren, können wir zumindest ein spirituelles Buch lesen. Das Wichtigste ist, Disziplin zu entwickeln, sich jeden Tag für eine bestimmte Zeitspanne hinzusetzen. Unser *sādhana* sollte stetig und regelmäßig sein; es reicht nicht aus, ab und zu ein wenig zu praktizieren.

An der Möglichkeit der Selbstverwirklichung zu zweifeln ist das größte Hindernis im Leben eines spirituellen Aspiranten. In der Nacht, bevor der *Buddha* Erleuchtung erlangte, setzte er sich zu Füßen des Bodhi-Baumes mit dem Entschluss: „Selbst wenn dieser Leib austrocknet und verdorrt, werde ich mich nicht von der Stelle bewegen, bis die höchste Weisheit in mir aufdämmert." *Swami Vivekānanda* pflegte seine Anhänger zu ermahnen: „Steht auf! Erwacht! Haltet nicht an, bevor das Ziel erreicht ist!"

Ebenso ermutigt Amma uns, zäh in unseren Bemühungen zu sein und niemals die Hoffnung aufzugeben, welchen Hindernissen wir auch immer begegnen. „Auf dem spirituellen Pfad mag es viele Stürze geben, aber wenn man zu Fall kommt, ist es das Wichtigste, nicht auf dem Boden liegen zu bleiben und die Situation zu genießen. Ihr müsst aufstehen und die Kraft aufbringen, weiterzugehen. Welche Bemühung ihr auf dem spirituellen Pfad auch immer aufbringt – sie ist niemals vergeudet. Unser Einssein mit Gott zu erkennen mag unser ganzes Leben in Anspruch nehmen, es mag gar mehrere Leben dauern. Wir müssen es einfach versuchen. Es gibt keinen anderen Weg. Jeder muss den spirituellen Pfad früher oder später betreten. Wenn ihr auf ein Hindernis trefft, müsst ihr es überwinden."

VomHimmel kommen Regen und Schnee herab. Diese werden zu einem Fluss, der die Berge herabströmt und viele Gegenstände, denen er auf seinem Weg begegnet, mit sich reißt; am Ende mündet er in den Ozean. Trifft der Fluss auf ein großes

werden. Die ersten beiden Schritte sind *yama* und *niyama*, oder die Gebote und Verbote des spirituellen Lebens.

Hindernis, wie etwa einen riesigen Felsen, so mag er über ihn hinweg fließen oder er mag leicht von seinem Weg abweichen, doch trotz allem fließt er zum Ozean.

Der Fluss des Lebens ist nicht planlos; ebenso wie der Fluss in der Natur besitzt er eine Quelle und eine Mündung. Die Quelle allen Lebens ist reines Bewusstsein. Die Mündung unserer Reise durch das Leben ist die Verwirklichung der Einheit mit dem höchsten Selbst. Der Fluss trägt viele fremde Gegenstände wie Unrat und Treibholz mit sich – sie sind jedoch nicht Teil seiner wahren Natur. Sie dienen nur der Verlangsamung seines Fließens. Ebenso sammeln wir Gewohnheiten, verletzte Gefühle, Erinnerungen und Wünsche auf unserer Reise durchs Leben. Doch diese gehören nicht zu unserem Wesenskern, und wir müssen sie loslassen, bevor wir das Ziel erreichen.

❀

KAPITEL 17

Hoffnung für die Welt

„Die Welt sollte wissen, dass ein Leben möglich ist,
das der selbstlosen Liebe und dem Dienst
an der Menschheit gewidmet ist."

— Amma

Ein gestrandeter Seemann, der mehrere Jahre auf einer unbewohnten Insel verbracht hatte, geriet in helle Begeisterung, als er eines Morgens sah, dass ein Schiff in der Nähe der Küste vor Anker lag und sich ein kleines Rettungsboot der Insel näherte. Als das Boot den Strand erreichte, ging der diensthabende Offizier auf den völlig von der Welt isolierten Seemann zu, überreichte ihm einen Stapel mit Zeitungen, und sagte: „Der Kapitän meint, Sie sollten zuerst dies alles durchgehen und die neuesten Nachrichten lesen – dann lassen Sie uns wissen, ob Sie immer noch gerettet werden wollen."

In den letzten Jahren legt Amma größeren Wert als je zuvor auf humanitäre Hilfe. Dies ist größtenteils auf die Zeiten, in welchen wir leben, zurückzuführen – Amma tat ihr Bestes, das Leid der Opfer von Naturkatastrophen in den verschiedenen Regionen der Welt zu lindern. Im Sommer 2005 verliehen die Vereinten Nationen Ammas *aśram* den „Besonderen Beratungs-Status" (Special Consultative Status) – als Anerkennung für seine außergewöhnlich wirkungsvolle und weitreichende Arbeit in vielen Bereichen sozialen Dienstes.

Als die Sonne am Tag des Tsunami, am 26.12. 2004, unterging, stellte Amma bereits Nahrung, Unterkünfte und medizinische Hilfe für tausende obdachloser Opfer bereit. Viele Leser wissen vielleicht, dass Amma sich verpflichtete, 23 Millionen Dollar für das Tsunami-Hilfswerk zur Verfügung zu stellen, wovon das meiste Geld zweckgebunden war für den Bau von 6200 Häusern, die obdachlosen Tsunami-Opfern an beiden Küsten Indiens sowie in Sri Lanka und auf den Andamanen übergeben werden sollten. Die Aufstellung der Einzelvorschriften bezüglich des Häuserbaus wurden jedoch von der Staatsregierung Keralas erst abgeschlossen, nachdem Amma die Details ihres Hilfspaketes bereits bekannt gegeben hatte, und es stellte sich heraus, dass die kosten das Doppelte der ursprünglich veranschlagten Summe betragen würden. Weder vomStaat noch von anderen religiösen und karitativen Organisationen erfolgte irgendeine finanzielle Unterstützung, doch Amma wollte ihr gegebenes Wort nicht zurücknehmen. Stattdessen nahm sie es auf sich, wieder ganz von vorn anzufangen und neue Wege ausfindig zu machen, die kosten zu senken, ohne die bauliche Qualität der Häuser zu mindern. Zu diesem Zweck rief sie während der ganzen Sommertour des Jahres 2005 jeweils vor und nach dem *darśan* in Indien an, um Anweisungen zu geben, wie man die kosten der Baumaterialien reduzieren und all die Hindernisse, mit welchen ihre Schüler bei der Arbeit konfrontiert waren, überwinden konnte. Manchmal telefonierte sie sogar während des *darśan* – während sie jemandes kopf an ihrer Schulter hielt, sprach sie mit den Bauleitern und erklärte ihnen, wo sie Sand, Zement und Kies kaufen sollten und wie sie an das Wasser kommen würden, welches sie benötigten. In einigen Ortschaften war der Zustand der Straßen so schlecht, dass die *brahmacāris* und *brahmacārinīs* sie zuerst instand setzen mussten, bevor sie das benötigte Material dorthin transportieren konnten. Während dieses Buch entsteht, sind fast 4000 der versprochenen 6200 Häusern fertig gestellt und den Begünstigten übergeben worden; der Bau der verbleibenden Häuser schreitet gut voran.

Einige Journalisten stellten die Frage: „Ist Amma reich? Woher bekommt Sie all das benötigte Geld?" Die Antwort ist, dass Amma in materiellem Sinne nicht als reich zu bezeichnen ist. Gemessen jedoch in Begriffen von Liebe, Barmherzigkeit und Wissen ist sie unendlich reich. Amma sagt, dass was immer sie auch erreicht hat, nur durch die harte Arbeit ihrer Kinder ermöglicht wurde. Niemals bittet sie um Spenden; wohin sie auch geht, bietet sie ihre Programme unentgeltlich an, auch gibt es keine Gebühr für ihren *darśan*. Sie erklärt, bevor sie ein Projekt beginne, das in Angriff zu nehmen sie sich inspiriert fühle, verschwende sie niemals Zeit damit, zu berechnen, ob es finanziell durchführbar sei. Wann immer sie es als notwendig empfindet, verpflichtet sie sich zur Hilfeleistung, und durch göttliche Gnade materialisieren sich ausnahmslos die erforderlichen Hilfsquellen.

Einige der Geldmittel, die für die Leistungen des *aśram* anlässlich des Tsunami und bei anderen Formen der Katastrophenhilfe verwendet wurden, waren eigentlich für andere Projekte beiseitegelegt worden, die Amma für die nahe Zukunft geplant hatte. Immer wieder sagt sie ja, dass die Zukunft nicht in unserer Hand liegt – nur für die Gegenwart trifft das zu. Aus diesem Grund hielt sie es für angebracht, ihre Aufmerksamkeit von den geplanten Projekten wegzuwenden und sich ganz auf die Katastrophenhilfe zu konzentrieren, weil dies die dringlichere Forderung der Stunde war. Wenn den Nöten der Tsunami-Opfer abgeholfen ist, wird sie sich aufs Neue den zuvor geplanten Projekten zuwenden.

Es gibt eine alte japanische Geschichte über einen Zen-Adepten namens Tetsugen. Zu seiner Zeit waren die buddhischen *sūtras* nur in chinesischer Sprache verfügbar, und er hatte sich zum Ziel gesetzt, sie in japanischer Sprache zu veröffentlichen. 1681 Exemplare des Buches waren auf Holzblöcke zu drucken, und zwar in einer Ausgabe von je 7334 Bänden – es war fürwahr ein Mammutprojekt.

Tetsugen begann damit, dass er umherreiste und Spenden für diesen Zweck sammelte. Ein paar Anhänger gaben ihm riesige Summen, doch die meiste Zeit erhielt er nur kleine Münzen. Jedem Spender dankte er mit gleicher Ehrerbietung. Nach zehn Jahren hatte er schließlich genug Geld beisammen, um das Projekt anzugehen.

Es traf sich aber, dass zu dieser Zeit ein Fluss über die Ufer trat, und in seinem Gefolge entstanden große Hungersnöte. Ohne auch nur eine Sekunde nachzudenken, nahm Tetsugen die Spenden, die er für die Bücher gesammelt hatte und verwendete sie, um andere Menschen vor dem Verhungern zu retten. Anschließend begann er sein Werk des Spendensammelns von neuem.

Mehrere Jahre später breitete sich eine Seuche im ganzen Land aus. Wieder spendete Tetsugen all das, was er eigentlich für das Buchprojekt gesammelt hatte, um Medizin für die Kranken zu beschaffen. Noch ein drittes Mal sammelte er Spenden, und nach 20 Jahren, im Jahre 1681, erfüllte sich schließlich sein Wunsch. Die Druckblöcke, welche die erste Ausgabe der buddhistischen *sutras* in japanischer Sprache produzierten, kann man heute im Obaki-Kloster in Kyoto betrachten.

Man sagt, japanische Buddhisten erzählten ihren Kindern, Tetsugen habe drei Ausgaben von sutras hergestellt, und die ersten beiden Reihen, obwohl dem Auge unsichtbar, überträfen die dritte, welche im Kloster zu sehen ist, an Würde.

In den späten Achtzigern begann Ammas *aśram* zu wachsen, sowohl was die Anzahl der Bewohner als auch die der Besucher betraf, die zu Ammas täglichem *darśan* kamen. Daher wurde beschlossen, eine größere Darśan-Halle zu bauen. Da der *aśram* zu dieser Zeit immer noch sehr arm war, brachten die Devotees so viel Geld auf, wie sie nur konnten, um die Kosten für die Baumaterialien zu decken. Zur selben Zeit jedoch wurde Amma von der Direktorin eines nahegelegenen Waisenhauses aufgesucht, das sich in großer Finanznot befand und nicht in der Lage war, eine gute Betreuung der dort untergebrachten Kinder zu gewährleisten.

Als Amma von der Notlage der Kinder hörte, entschied sie sich, die Spenden, die für den Bau der neuen Darśan-Halle gesammelt worden waren, dem Waisenhaus zu übergeben. Als Ammas *brahmacāris* im Mai 1989 dort eintrafen, stellten sie fest, dass die Gebäude baufällig und die Lebensbedingungen entsetzlich waren. Den Nahrungsmitteln mangelte es an lebenswichtigen Vitaminen und Mineralien; für die Kinder gab es keine Milch. Der Speisesaal war ein kleiner dunkler Raum mit schmutzigem Fußboden, der während der Monsunzeit ständig überflutet wurde und die Kinder zwang, im Stehen zu essen. Die Dächer mehrerer Gebäude waren undicht, und viele der Fußböden waren infolge vieler Jahre des Monsuns irreparabel beschädigt. Es gab keine medizinische Versorgung, und zahlreiche gesundheitliche Probleme der Kinder waren unbehandelt geblieben. Funktionierende Toiletten gab es ebenfalls nicht.

Heute ist das Waisenhaus vollständig wiederhergestellt – jedem Aspekt der Bedürfnisse, Interessen und Bestrebungen der Kinder ist Rechnung getragen. Ammas Waisenhaus hat eine hervorragende Schule, in der die Kinder die Chance bekommen, zusätzlich zu Malayalam fließend Sanskrit und Englisch zu lernen und ihre weiterführende Ausbildung zu vervollständigen. Ein paar von ihnen entscheiden sich auch für ein höheres Studium.

Ich hatte mich oft gefragt, wie es ein ehemaliger Bewohner des Waisenhauses, der dort gelebt hatte bevor Amma die Verantwortung für die Einrichtung übernahm, wohl aufnehmen würde, wenn er es nun wieder besuchte. Dann, auf Ammas Europatour

2005, kam ein 29 Jahre alter Malayali, der seit 1985 in den Niederlanden lebt, zu einem Programm, um Amma zu sehen.

Der Waisenjunge war neun Jahre alt, als ein niederländisches Ehepaar ihn und seine Schwester aus dem Parippally-Waisenhaus adoptiert und mit sich nach Holland genommen hatte, um bei ihnen zu leben. Dies geschah 1985, vier Jahre bevor Amma das Waisenhaus übernahm.

Als der Waisenjunge, inzwischen ein junger Mann, sich dazu entschloss, zu Ammas *darśan* zu kommen, hatte er keine Ahnung, dass Amma sich nun um das Waisenhaus kümmerte, in welchem er aufgewachsen war. Er entdeckte dies erst, als er auf der Veranstaltung nach Informationen über die karitativen Projekte des *aśram* suchte. Als er die Bilder des Waisenhauses, so wie es heute aussieht, anschaute, konnte er den Ort natürlich nicht wiedererkennen. Doch der Name der kleinen Stadt in Kerala, in welcher sich das Waisenhaus immer noch befindet, ließ keinen Raum für Zweifel übrig. Als er die Bilder des schönen Heimes betrachtete, das einen so hohen Standard an Bildung und Fürsorge bietet, verschlug es ihm den Atem. Was für ihn buchstäblich die Hölle gewesen war, hatte sich für diejenigen, die nach ihm gekommen waren, in einen Himmel verwandelt. Doch war es für diesen jungen Mann nicht zu spät – der Himmel war ja nach Holland gekommen…

„Tausend Dank, Amma", murmelte der erwachsen gewordene Waisenjunge, der eingehüllt in Ammas liebevolle Umarmung bei ihr lag. „Ich habe so viele schlechte Erinnerungen an meine Zeit in jenem Waisenhaus. Ich fühle mich glücklich, zu wissen, dass Du es übernommen und umgewandelt hast – und jetzt glaube ich, dass ein Sinn darin lag, dass ich meine Eltern verlor und nach Holland gekommen bin, um hier zu leben. Es war Schicksal. Es geschah, damit ich Amma heute hier erleben konnte. "

Ähnlich verhält es sich mit all den anderen humanitären Projekten Ammas – sie waren spontane Antworten an diejenigen, die sich in Not befanden. Mitte der Neunziger Jahre wurde Amma von einer Gruppe von Frauen aus einer nahe gelegenen Stadt aufgesucht; sie erzählten, dass sie in Strohhütten wohnten. Einige der Frauen hatten unverheiratete Töchter, die bei ihnen lebten, und eines der Mädchen war kürzlich von einem Herumtreiber belästigt worden. Ohne eine Tür, die sie zumachen und abschließen konnten, gab es keine Möglichkeit für sie, sich und ihre Kinder vor Gefahr zu schützen, vor allem was die erwachsenen Mädchen betraf. Ammas Reaktion bestand darin, kostenlose Häuser in der Umgebung des *aśram* zu bauen, und 1996 weihte sie das Amrita Kutiram-Projekt für kostenlose Wohnungen ein. Bis heute sind mehr als 30 000 Häuser gebaut worden – angestrebt sind 125 000.

Als andere Familien Amma darauf aufmerksam machten, dass sie wegen erwerbsunfähiger Familienmitglieder oder aufgrund anderer Schwierigkeiten nicht in der Lage wären, ihren Unterhalt zu bestreiten, gründete Amma das Amrita Nidhi-Pensionsprojekt, das inzwischen landesweit 50 000 Renten auszahlt.

Ähnliches ist zu berichten, was Initiativen der Gesundheitsfürsorge anbetrifft – die Warteliste für Herzoperationen war früher in Kerala so lang, dass viele Patienten, selbst wenn sie die Operation bezahlen konnten, während der Wartezeit starben. Nun kommen viele mit letzter Hoffnung zu Amma, und sie beantwortet ihre Gebete. Zahlreiche Zweigstellen des *aśram* unterhalten in ganz Indien Einrichtungen für freie medizinische Versorgung. Ammas *aśram* in Amritapuri unterhält ein Wohltätigkeits – Krankenhaus, in dem wöchentlich viele Menschen behandelt werden. In der Nähe von Bombay gibt es ein Hospiz für Krebskranke und in Trivandrum ein AIDS-Versorgungszentrum. Außerdem existiert ein karitatives Krankenhaus für völlig verarmte Volksstämme, die in abgelegenen Hügellandschaften Nordkeralas leben. Die kommunalen Hilfsprogramme reichen von Hausbesuchen für tödlich erkrankte Menschen bis hin zu neurologischen Versorgungsstationen und kostenfreier Behandlung bei Epilepsie und Diabetes. Das Amrita-Institut für Medizin und das ihm angegliederte Medizinische Forschungszentrum (AIMS) befindet sich in kochin, Kerala. Es ist ein Super-Spezialkrankenhaus mit 1200 Betten und widmet sich der Aufgabe, hochwertige medizinische Versorgung für alle Menschen ungeachtet ihrer Zahlungsfähigkeit anzubieten.

Das Waisenhaus war der Ausgangspunkt für Ammas großangelegtes karitatives Werk, aber wenn wir die vielen humanitären Dienstleistungen des *Mātā Amritānandamayi Math* genauer betrachten, stellen wir fest, dass es sich bei ihnen nur um die Erweiterung dessen handelt, was Amma schon seit ihrer Kindheit tut: sich um die Alten, Kranken, Vernachlässigten und Leidenden zu kümmern.

Egal wie weit sich das Netzwerk der Aktivitäten verzweigt – Amma bleibt fest bei denjenigen, die ihre Liebe und ihr Mitgefühl am meisten brauchen. Inmitten all dieser Errungenschaften hat Amma niemals aufgehört, *darśan* zu geben.

Selbst wenn sie die ganze Nacht aufbleiben muss, um Briefe zu lesen, konferenzen zu leiten und zu telefonieren, verbringt sie ihre Tage immer noch damit, sich mit eigenen Händen um ihre Kinder zu kümmern. Motiviert durch ihr Beispiel haben sich viele entschieden, den Armen, Kranken und Unglücklichen zu dienen; auf diese Weise sind Ammas Hände zu vielen Händen geworden.

Viele mögen sich fragen, wie Amma es geschafft hat, so viel in solch kurzer Zeit zuwege zu bringen. Ein Teil der Antwort besteht darin, dass aufgrund des einzigartigen Vorbildes, das Amma darstellt, viele ihrer freiwilligen Helfer einfach inspirierter und engagierter sind als andere.

Ein Angehöriger einer NGO (Nicht-Staatliche Organisation) von Tamil Nadu, der die Tsunami-Hilfsaktionen beaufsichtigte, erklärte voller Erstaunen, dass von den Dutzenden von Hilfsorganisationen, die dort arbeiteten, Ammas Organisation die bei weitem am besten funktionierende und effektivste sei. Ein anderer Teil der Antwort auf obige Frage besteht in der Art und Weise, wie Amma das Geld, welches sie bekommt, ausgibt. Da die Verwaltungsarbeit ihres humanitären Werkes fast ausschließlich von Freiwilligen geleistet wird, sind die Unkosten relativ gering. Davon abgesehen ist Amma von je her darauf bedacht gewesen, im *aśram* wie in allen ihren Institutionen die Verschwendung so gering wie möglich zu halten, mag es sich nun um eine Handvoll Reis oder um eine hochwertige elektronische Ausrüstung handeln. In den meisten Institutionen vergleichbarer Größe lässt sich ein beträchtliches Maß an Ausschuss und überflüssigen Ausgaben beobachten. Amma jedoch hat allen in ihrer Organisation eine strenge Ethik des Bewahrens eingeschärft. Niemand möchte mehr nehmen als er für sich braucht, indem er sich daran erinnert, wo das Geld herkommt und wen es erreichen soll. Niemand wirft etwas weg, das man gebrauchen oder wieder verwenden kann.

Kürzlich kaufte jemand von den Bewohnern des *aśram* eine elektronische Ausrüstung für die Audio/Video-Abteilung. Als Amma herausfand, wie teuer die Geräte gewesen waren, fragte sie den Käufer, ob dies denn wirklich nötig gewesen wäre. Dann sagte sie ihm, er solle von nun an Buch führen und wöchentlich Bericht erstatten, wie lange er jede Maschine täglich benutze.

Ammas Aufmerksamkeit entgeht nichts, auch nicht das kleinste Detail. Während ihrer Nordamerika-Tour 2006 wich sie eines Tages nach ihrem morgendlichen *darśan* im kalifornischen San Ramon vomnormalen Weg ab und ging durch die Küche zu dem Gebäudeteil, wo sie selbst, die *Swamis* und einige Bewohner des *aśram* von San Ramon wohnten. Als sie am kompost-Behälter vorbeikam, hielt sie an und griff hinein. Ein Angehöriger der Tourgruppe versuchte sie davon abzubringen und sagte: „Mach Dir keine Sorgen, Amma – da ist nichts drin."

„Woher weißt Du das?", fragte sie ihn und fischte ein vollkommen unversehrtes Stück Brot aus dem Behälter. Sie untersuchte es und sagte dann: „Wer das wohl weggeworfen haben mag? Wir sollten uns immer daran erinnern, dass viele Menschen pro Tag nicht einmal so viel zu essen bekommen. Besonders in einem *aśram* sollte niemals Nahrung weggeworfen werden."

Als ihre Amrita-Universität zu wachsen begann, erfuhr Amma, dass in der Speisehalle der Studenten eine Unmenge von Nahrungsmitteln vergeudet wurden. Sie brachte dieses Thema vor, als sie Gelegenheit hatte, einmal alle Studenten gemeinsam anzusprechen – gleichsam über Nacht wurde die Verschwendung von Nahrung drastisch reduziert.

Schon immer hat sie uns darauf aufmerksam gemacht: Wenn ihr Nahrung vergeudet, denkt an die Millionen Kinder, die nicht einmal eine Mahlzeit am Tag erhalten. Wenn ihr unnötig Geld ausgebt, denkt an jene, die heftige Qualen erleiden, weil sie sich nicht einmal eine einzige Schmerztablette leisten können. Außerdem betont sie andauernd, wir sollten uns daran erinnern, wo das Geld des *aśram* herkommt. Zum Beispiel gibt es einige Devotees, die in einem Granit-Steinbruch etwa 350 Kilometer nördlich vom *aśram* arbeiten. Sie haben nicht einmal genug Geld, um ohne weiteres zum *aśram* zu kommen. Wenn sie aber ihren Wochenlohn erhalten, beeilen sie sich, um es noch zum Postamt zu schaffen, bevor es schließt. Wenn ihr Chef sie fragt, warum sie so in Eile sind, antworten sie: „Wir wollen Amma einen Teil unseres Lohnes schicken."

Vor ein paar Jahren besuchte ein Ehepaar aus einem anderen Distrikt Keralas den *aśram* mit einem riesigen Sack Reis in ihren Armen. Einige *brahmacāris* halfen ihnen dabei, den Sack zu tragen und brachten das arme Ehepaar zu Ammas *darśan*. Als sie Amma den Reis übergaben, sagten sie: „Wir besitzen einen Lotteriestand, der es uns gerade ermöglicht, uns mühsam durchs Leben zu schlagen. Und doch haben wir immer davon geträumt, irgendwie an Ammas karitativen und sozialen Aktivitäten teilnehmen zu können. Also haben wir in den letzten Monaten ein paar Stunden zusätzlich gearbeitet, wir haben sogar eine Mahlzeit täglich ausfallen lassen und das so gesparte Geld auf die Seite gelegt. Obwohl wir uns wünschten, Amma zu besuchen, haben wir es nicht getan, damit wir nicht all unser Geld für die Fahrt ausgeben und dann nichts zu spenden haben würden. Nach einigen Monaten des Sparens hatten wir genug beisammen. Auf dem Weg zum *aśram* hielten wir an und kauften einen Sack Reis. Wird Amma diesen Reis dazu verwenden, die Armen zu speisen?"

Als Amma ihre Geschichte hörte, traten Tränen in ihre Augen. Dienst am Nächsten ist nicht nur etwas für Wohlhabende; sogar die vergleichsweise Armen können etwas tun für jene, die unglücklicher sind als sie selbst. Das erinnert mich an eine wunderbare Geschichte aus dem Epos Rāmāyaṇa, die Amma oft erzählt, um diese Wahrheit zu illustrieren.

Nachdem *Śrī Rāma* entdeckt hatte, dass seine geliebte Gefährtin Sītā von dem Dämonenkönig Rāvaṇa entführt worden und in das Insel-Königreich nach Lanka verschleppt worden war, entschloss sich der Herr, von der Südspitze Indiens aus eine Brücke nach Lanka zu bauen, um Sītā zu befreien. Der Hauptteil der Arbeit wurde von *Rāma*s Affenarmee verrichtet, welche von seinem größten Devotee, *Hanuman*, angeführt wurde. Doch waren die Affen nicht die einzigen, die an der Brücke arbeiteten. Als der Herr die Fortschritte beim Bau der Brücke beaufsichtigte, bemerkte er ein kleines Eichhörnchen, das ständig zwischen der Küste und der Brücke hin und her eilte; es huschte zwischen den Beinen der Affen hindurch, welche auf ihren Schultern riesige

Felsblöcke trugen, die als Material beim Brückenbau benötigt wurden. Als er genauer hinschaute, stellte *Rāma* fest, dass die Bewegungen des Eichhörnchens keineswegs ohne Sinn und Zweck waren; kurz bevor es das Festland erreichte, tauchte es ins Meer ein, krabbelte zum Strand und wälzte sich dort im Sand. Dann lief es zurück zur Baustelle und schüttelte sich, wodurch der Sand auf die Brücke fiel. Dieses Ritual wiederholte es unermüdlich, lief hunderte Male hin und zurück. Die Affen fühlten sich durch die Anwesenheit des Eichhörnchens gestört und versuchten, es wegzustoßen. „Was machst Du eigentlich hier?!", rief schließlich einer der Affen aus.

„Ich helfe mit, eine Brücke zu bauen, um Sītā *Devī* zu retten", antwortete das Eichhörnchen.

Hierauf brachen alle Affen, die sich in Hörweite befanden, in ein tosendes Gelächter aus. „Netter Versuch, kleiner Kerl", ermahnten sie ihn. „aber wie willst Du uns denn helfen? Schau nur auf die Größe der Felsblöcke, die wir tragen!"

„Stimmt", sagte das Eichhörnchen, „ich kann nicht soviel tragen wie ihr. Aber ich tue alles, was ich kann. Ich weiß, dass das Vorhaben des Herrn von edler Natur ist und will mein Bestes tun, um ihm zu dienen."

Die Affen achteten nicht weiter auf das Eichhörnchen und fuhren mit der Arbeit fort. Am Ende des Tages liefen sie zu *Rāma*, um ihm von ihren Fortschritten zu berichten. Er war jedoch nicht daran interessiert, etwas von ihren großen Leistungen zu hören – stattdessen bat er sie, das Eichhörnchen zu ihm zu bringen. „Was kann unser Herr von diesem nutzlosen Kerl nur wollen?", fragten sie sich, doch wagten sie es nicht, ungehorsam zu sein. Als sie ihm das Eichhörnchen brachten, nahm der Herr es hoch und hielt es zärtlich in seiner Hand. „Ihr begreift nicht, meine lieben Affen, dass die Brücke ohne den Sand, welcher zwischen den Spalten eurer Felsblöcke abgelagert wird, in sich zusammenfallen würde.

Verachtet niemals die Schwachen oder die Taten derjenigen, die nicht so stark sind wie ihr. Jeder dient entsprechend seinen Fähigkeiten, und niemand ist überflüssig." Der Herr streichelte den Rücken des Eichhörnchens mit drei Fingern und zog so die Streifen, die den Rücken dieser Tiere auch heute noch zieren – eine ewige Mahnung daran, dass Gott besondere Liebe und Sorge für die Kleinen und Schwachen empfindet.

Immer wieder hat Amma darauf hingewiesen, dass es nicht nur die Empfänger ihrer karitativen Aktivitäten sind, welche Nutzen davon haben – jeder, der an irgendeinem Schritt innerhalb dieses Prozesses beteiligt ist, profitiert davon, sei es spirituell, materiell oder auf beiden Ebenen. So stellen Ammas Devotees zum Beispiel verschiedene Gegenstände her – Handarbeiten, Perlenschmuck, Glückwunschkarten, Blumengirlanden – und bringen sie ihr dar. Weil sie dies aufgrund ihrer Liebe zu Amma tun und keinen Lohn für ihre Arbeit erwarten, wird es für sie zu *karma yoga*[1]. Amma segnet ihre Geschenke, und andere Devotees kaufen diese Dinge hinterher als *prasād*. Amma beaufsichtigt und leitet diejenigen an, die das Geld an die jeweiligen humanitären Projekte des *aśram* weiterleiten, um sicherzustellen, dass es auch den richtigen Menschen zugute kommt. So empfangen sowohl diejenigen Verdienste (*punya*), die arbeiten, um die Produkte herzustellen als auch diejenigen, die das Geld aufbringen, um die Produkte zu kaufen, da das Geld verwendet wird, um denjenigen Hilfe zu leisten, die sie benötigen. Gleichzeitig sind auch die Empfänger in der Lage, von dem Geld zu profitieren – Ammas Zuwendung ermöglicht ihnen oft ein neues Leben. Diejenigen schließlich, die das Geld verteilen, entwickeln eine höhere Achtsamkeit und Unterscheidungskraft. Amma sagt, wenn es nicht

---

[1] Wörtlich bedeutet *karma* „Handlung"; *yoga* heißt „Vereinigung" der individuellen mit der höchsten Seele. *Karma yoga* bedeutet somit, besagte Vereinigung zu erreichen, indem man selbstlose Handlungen verrichtet.

auf diese Weise getan wird, ist es wie *arcana* (Verehrung Gottes), das ohne Aufrichtigkeit und Hingabe ausgeführt wird. Wir befördern dann die Blumen einfach nur von einer Stelle zur anderen. Wenn wir das Geld jedoch in gewissenhafter Weise verwenden, so dass es den am meisten bedürftigen Personen zugute kommt, wird die Handlung zu einer verehrenden. „Gott sitzt nicht oben im Himmel auf einem goldenen Thron", sagt Amma oft. „Er ist in jedem Lebewesen und allen Dingen in der Schöpfung gegenwärtig. Den Armen und Bedürftigen in jeder nur erdenklichen Weise zu helfen ist wirkliche Verehrung Gottes."

In den ersten Tagen von Ammas Nordamerika-Tour 2006 kam ein siebenjähriges Mädchen namens Amritavarshini aus Eugene in Oregon zu Ammas *darśan*. Als das Kind auf sie zukam, legte sie sanft eine Blumengirlande um Ammas Hals. Diese Girlande bestand nicht aus Blumen sondern aus Dollarscheinen – 200 Dollar, um genau zu sein – alles, was das Mädchen auf seinem Sparkonto hatte. Als Amma sie im Arm hielt, begann das Mädchen zu weinen. Dann gab sie Amma einen Brief, den sie ein paar Tage zuvor mit Hilfe ihrer Mutter geschrieben hatte.

Liebe Amma,
wie können wir die kranken Menschen überall in der
Welt heilen? Wie kann die Welt einsehen, dass wir in
Harmonie zusammenleben sollen, anstatt uns gegenseitig zu
bombardieren? Wie können wir Sklaverei und Rassismus
zum Verschwinden bringen? Dies bereitet mir wirklich
tiefen Kummer. Bitte gebe dieses Geld weiter an die Welt,
die wirklich krank ist. Bitte kümmere Dich um alle
Kranken und Armen.
In Liebe,
Amritavarshini

Amma forderte das Kind und seine Mutter auf, an ihrer Seite Platz zu nehmen. „Warum weinst Du?", fragte sie das kleine Mädchen. Seine Tränen unterdrückend antwortete das Kind: „Ich will Frieden in der Welt schaffen."

Die Mutter des Mädchens erklärte, dass sie etwa eine Woche zuvor nach Hause gekommen sei und Amritavarshini in Tränen aufgelöst vorgefunden habe. Als sie sie fragte, warum sie weine, habe das Mädchen geantwortet, dass Sklaverei, Krieg, Krankheit und Armut in der Welt der Grund dafür seien. Das Mädchen habe dann der Mutter gegenüber den Wunsch geäußert, das gesamte Geld, das sie auf ihrem Sparbuch hatte, spenden zu wollen, um Ammas humanitäre Projekte zu unterstützen. Ihre Mutter hatte daraufhin alles Geld abgehoben und nur das Minimum von 40 Dollar auf dem konto gelassen, doch Amritavarshini war sogar darüber traurig, dass der verbleibende Betrag nicht Amma übergeben werden konnte.

„Kinder wie diese sind die Hoffnung der Welt", sagte Amma zu allen Anwesenden, während sie Amritavarshinis Tränen fortwischte. „Wir sollten solchen Kindern zu Füßen fallen und uns vor ihnen verbeugen. Sie sind es, die die Welt ändern werden… Mögen ihre unschuldigen Wünsche wahr werden."

❀

KAPITEL 18

Sich in Liebe erheben

„Menschliche Wesen muss man kennen, um sie zu lieben;
göttliche Wesen aber muss man lieben, um sie zu kennen.“

— Blaise Pascal

Obwohl der Bauer vielleicht eine Vielfalt an Feldfrüchten anpflanzen will, ist doch seine Aufmerksamkeit immer auf den Erdboden gerichtet, denn er weiß, dass er die Grundlage und der entscheidende Faktor beim Wachstum allen pflanzlichen Lebens ist. Ebenso erinnert uns Amma, bei jeder Handlung, in die wir eingebunden sind, immer des höchsten Wesens zu gedenken. Oft bittet sie uns, nach dem Ende der Meditation dafür zu beten, dass alle unsere Tätigkeiten zu einem Akt der Anbetung an die Göttliche Mutter werden.

O Göttliche Mutter,
möge jedes meiner Worte eine Lobpreisung an Dich sein,
möge jede meiner Handlungen eine Anbetung Deiner sein,
möge alles, was ich esse, ein Opfer sein, das ich Dir darbringe,
möge jedes Atemholen mit liebender Erinnerung an Dich
verbunden sein, möge jeder Schritt mich Dir näher bringen,
wo immer ich mich auch hinlege – möge es ein Sich-Nieder-
werfen vor Deinen Lotosfüßen sein.

Amma sagt, der leichteste Weg, aus jeder unserer Handlungen einen Akt der Anbetung zu machen bestehe darin, die Handlung mit Liebe zu verrichten. Sie spricht aus eigener Erfahrung – indem sie das Göttliche in jedem Menschen und jedem Ding der Schöpfung wahrnimmt, fließt ihre Liebe in alle ihre Gedanken, Worte und Taten ein. Diese Liebe ist es, welche ihr eine derartig vollkommene konzentration ermöglicht und jede ihrer Handlungen in eine der Anbetung transformiert. In der Regel verhalten sich die Intensität der konzentration und die Qualität der Handlungen direkt proportional zu der Liebe, welche wir dem Gegenstand unserer Aufmerksamkeit entgegenbringen. Wenn wir uns zum Beispiel einen interessanten Film anschauen, sind wir völlig von ihm eingenommen und vergessen darüber unsere Umgebung, ja selbst unsere leiblichen Bedürfnisse; ist es aber ein schlechter Film, fühlen wir uns ruhelos, und er scheint nie enden zu wollen.

Nach der Trennung bat ein Mann seine Ex-Freundin darum, ihm alle seine Liebesbriefe zurückzugeben. „Ich habe Dir schon Deinen Ring zurückgegeben", protestierte die Frau. „Glaubst Du vielleicht, ich benutze die Briefe, um Dich zu verklagen?"

„O nein, das ist es nicht", versicherte ihr der Mann. „Es ist nur so, dass ich damals jemandem 25 Dollar gezahlt habe, um die Briefe für mich schreiben zu lassen und möglicherweise will ich sie noch mal verwenden."

Haben Sie jemals darüber nachgedacht, wieso wir im Englischen sagen, „to f a l l in love"? („Sich-Verlieben" – ein Wortspiel, das im Deutschen nicht möglich ist. Anm. d. Ü.) Wenn wir „in Liebe fallen", führen maßlose Anhaftung und das Gefühl der Besitzergreifung gegenüber dem Objekt unserer Zuneigung dazu, dass wir unsere Unterscheidungskraft einbüßen und übereilte Entscheidungen treffen, die wir später bereuen. Immer gibt es in unserer Liebe ein Element selbstsüchtiger Anhaftung, und die Person, mit welcher wir eine Liebesbeziehung haben, hängt normalerweise auch an uns. (Falls nicht, ist dies noch ein weiterer Grund für unsere Qual.) Wenn wir jedoch Liebe gegenüber einem wahren spirituellen Meister empfinden – selbst dann, wenn es sich zu Beginn noch um eine unvollkommene Art von Liebe handelt, die durch Erwartung und Anhaftung gekennzeichnet ist – so hilft uns der Meister doch, diese in eine bedingungs- und selbstlose Liebe umzuwandeln. Anstatt „in Liebe zu fallen" verhilft uns der Meister dazu, dass wir uns in Liebe e r h e b e n, hinauf in die Höhen der Selbstverwirklichung.

Amma sagt: „Die heutige Welt glaubt, die Beziehung zwischen einem Kind und seiner Mutter sei die größte und bedeutendste. In Ammas Welt jedoch ist sie es nicht; es ist vielmehr die Guru-Schüler-Beziehung. Wenn man begreift, was Spiritualität ist, dehnt sich das Bewusstsein aus. Man verliert den Sinn für „Mein." Meine Mutter, mein Vater, mein Kind, meine Verwandten… In der Guru-Schüler-Beziehung wird hingegen alles „Deins" (auf den Herrn bezogen). Das Ich verschwindet und nur der *Ātman* existiert noch. Wenn die linke Hand schmerzt, kommt die rechte und tröstet sie. In dieser Haltung müssen wir unser Leben führen."

Vor ein paar Jahren, als Amma in Genf war, um den Gandhi-King-Preis entgegenzunehmen und auf dem dort stattfindenden „Gipfel weiblicher spiritueller Führer" eine Rede hielt, fand draußen eine Veranstaltung statt, bei welcher alle Teilnehmer gebeten wurden, eine Kerze zu halten und sich in einer bestimmten Formation auf dem Rasen zu platzieren, so dass die ganze Gruppe, wenn man sie von oben betrachtete, optisch das Wort P-E-A-C-E (Frieden) darstellte. Sobald Amma jedoch von der Bühne herunterkam, versammelten sich ihre Devotees um sie und ließen den Buchstaben A in einem unerkennbaren Wirrwarr untergehen. In aller Strenge forderte Amma sie auf, an die ihnen zugewiesenen Plätze zu gehen, doch dies war eine Anweisung, der zu gehorchen sie nicht über sich bringen konnten. Wohin Amma auch ging, ihre Kinder mussten ihr einfach folgen. Die anderen Teilnehmer standen natürlich an den ihnen zugewiesenen Plätzen und bildeten in perfekter Manier den jeweiligen Buchstaben; Amma jedoch schien eine dicke Kugel aus Körpern um sich versammelt zu haben. Zunächst war der koordinator des Events ein wenig frustriert und rief voller Verzweiflung: „Hey, Leute, wir versuchen hier ein Wort zu bilden!"

Doch bald begriff er, dass die Devotees es anziehender fanden, in Ammas Nähe zu sein als an der Aktion teilzunehmen. Schließlich fügte sich der Organisator der Situation und entschloss sich, diese Tatsache zu akzeptieren. „Nun gut", lautete sein kluger Vorschlag, „da Sie offenbar Kreise so sehr mögen, wieso bilden Sie nicht den Punkt am Ende des Wortes?" Als Amma dies hörte, brach sie in Gelächter aus und führte ihre Kinder an das Ende der anderen Buchstaben. Nachdem das Programm vorbei war, stellte ein Journalist, der die Aktion des Nachmittags mit angesehen hatte, Amma die Frage: „Beten diese Leute Sie an?" Amma schüttelte sanft ihren kopf, deutete auf alle Anwesenden und sagte: „Nein, es ist umgekehrt. Amma betet s i e an."

Nichts und niemand ist unbedeutend für sie. Ihre Barmherzigkeit gleicht einem Ozean, der heranrauscht und die Füße all derer berührt, die gesegnet genug sind, vor ihr zu stehen. Auf der Nordindientour 2006 fuhr Ammas Wagen an einem Betrunkenen vorbei, der mitten auf der Straße durch die Gegend torkelte. Amma sagte dem *brahmacāri*, er solle anhalten. Der Betrunkene kam an dem Auto vorbei und wankte vor und zurück. Als er vorbeiging, hielt das Fahrzeug des *aśram* unmittelbar hinter Ammas Wagen an; er prallte dagegen und versetzte ihm einen ordentlichen Schlag, bevor er weiter seines Weges ging.

Amma erlaubte dem *brahmacāri* am Steuer, die Fahrt fortzusetzen, aber nach nur wenigen Metern befahl sie ihm, wieder anzuhalten. Sie öffnete die Tür, ging auf die Straße und rief einem der *brahmacāris*, der sich in dem hinteren Wagen befand, zu: „Er ist völlig betrunken. Geh zu ihm und hol ihn von der Straße herunter. Sorge dafür, dass er sich irgendwo hinsetzt. Such ein paar Dorfbewohner und sag ihnen, sie sollen sich um ihn kümmern." Daraufhin ging der *brahmacāri* zurück, um sich um den Betrunkenen zu kümmern, so wie Amma es ihm aufgetragen hatte."

Es gibt einen Ausspruch im Saundarya Laharī, einem mystischen tantrischen Text, der Ādi *Śankarācārya* zugeschrieben wird. Es heißt dort:

„Mögen Deine ins Weite blickenden Augen –
Nur leicht geöffnet wie der eben erblühende Lotos –
Selbst einen unwerten, absonderlichen Menschen wie
Mich baden in der Fülle Deiner Gnade. So wie die
Kühlenden Strahlen des Mondes gleichermaßen
Fallen auf das Herrenhaus wie auf die Wildnis, so wirst auch
Du, Geliebte Śivas, keinen Verlust erleiden, doch dieser
Mensch wird fürwahr gesunden durch Deinen Segen."

Im vorletzten Jahr (2005) verbrachte Amma nach ihrer Europatour eine Nacht in ihrem neuen deutschen Zentrum, bevor sie weiter nach Finnland reiste. Das Zentrum ist ein umgebauter Reiterhof und liegt auf einem Hügel; es gestattet einen wunderbaren Ausblick auf die dörfliche Umgebung und die grünen Weiden, auf welchen die Pferde freien Auslauf haben. Am Morgen, bevor sie zum Flughafen fuhr, kam sie heraus, um einige Zeit mit den Bewohnern des Zentrums zu verbringen und die Pferde zu füttern. Der Morgen war hell und klar. Nachdem Amma die Pferde gefüttert hatte, ging sie zurück ins Haus und verteilte prasād an die Bewohner wie auch an andere Devotees, die sich dort eingefunden hatten.

„Letzte Nacht dachte Amma noch, sie würde den ganzen Tag hier mit euch verbringen", sprach sie zu den Devotees und erklärte ihnen, sie habe nicht gewusst, dass sie schon am Mittag nach Finnland weiterreisen müsste. „Amma hatte vor, viel mit euch zu unternehmen – Mittagessen zu servieren, *bhajan*s zu singen, spazieren zu gehen, draußen zu meditieren…"

„…Befreiung zu gewähren", fügte ein Devotee lächelnd hinzu. Die Bemerkung war als Scherz gemeint, doch wie gewöhnlich erwies sich Ammas Antwort als tiefgründig.

„Alles, was Amma tut, dient ausschließlich diesem Ziel", entgegnete sie. „Indem *Śrī Krishna* all seine Zeit bei den *gopi*s von *Vrindāvan* verbrachte, mit ihnen spielte und scherzte, ihnen ihre Butter und ihre Milch stahl, stahl er ihnen in Wirklichkeit ihre Herzen. Dies ist es, was Amma tut, wenn sie Zeit mit euch allen verbringt. Sie legt eine bestimmte Perle ganz tief in euch hinein, so dass ihr euch überall an Amma erinnert, wohin ihr auch geht und was immer ihr tut.

Wenn wir an eine lange und schwierige Aufgabe herangehen, sind wir normalerweise die ganze Zeit über angespannt. Wir erlangen nur Frieden, wenn wir denken: ‚Sobald die Aufgabe erledigt ist, werde ich mich ausruhen.' Dadurch, dass die Devotees all diese Erinnerungen besitzen, denken sie tief im Innern immerzu an Amma, egal was sie auch tun."

Amma fügte hinzu, dass solche Gedanken – der Augenblick, wo der Devotee sich an den *guru* erinnert – Augenblicke des Friedens und der Ruhe sind. Anschließend erklärte sie, dass man auf dem Pfad des *advaita* (Nicht-Zweiheit) danach strebe, die ganze Welt als eine Ausdehnung des Selbst zu begreifen, während man auf dem Pfad von *bhakti* (Hingabe) danach trachte, die Welt als eine Erweiterung der geliebten Gottheit oder des *guru* aufzufassen. Die beiden Wege seien nicht verschieden, nur eine andere Art und Weise, ein und dieselbe Sache zu betrachten. „In der heutigen Welt laufen die Leute umher, um Vorträge über *vedānta* zu hören – hier aber streben wir danach, *vedānta* zu l e b e n", sagte Amma und bezog sich darauf, dass sie ihre Devotees ermutigt, der Welt zu dienen, indem sie sie als eine Erweiterung Ammas oder des Selbst betrachten.

„Tatsächlich ist die Guru-Schüler-Beziehung diejenige zwischen jīvātma und *Pāramātma*, der Einzelseele und dem höchsten Selbst. In Wahrheit sind beide ein und dasselbe. Wenn man am Rande eines Flusses steht, hat es den Anschein, als ob dieser zwei verschiedene Ufer habe, obwohl die beiden Ufer durch den Boden des Flusses miteinander verbunden sind; sobald wir das Wasser (das Ego) entfernen, erkennen wir diese Wahrheit."

Dann wurde es langsam Zeit. Amma musste sich auf den Weg nach Finnland machen. Als sich der Wagen langsam in Bewegung setzte, war es eine Szene wie in Amritapuri in Kerala, wenn sie den *aśram* verlässt. Amma kurbelte ihre Scheibe herunter und streckte ihre Hand aus dem Wagen, so dass sie über die Hände aller Devotees strich, die sich entlang der Straße versammelt hatten.

Indem sie uns solch kostbare Augenblicke gewährt, an die wir uns erinnern und über die wir kontemplieren können, macht Amma die spirituelle Praxis relativ leicht für uns. Verehrer des formlosen Absoluten und sogar die meisten Anbeter des persönlichen Gottes würden es als schwierig empfinden, sich an das von ihnen gewählte Ideal so oft zu erinnern wie wir es bei Amma vermögen. Wann immer wir jemanden sehen, der weiß trägt, bewegt unser Geist sich zu auf Amma und den tiefen Frieden, den wir in ihrer Anwesenheit empfinden. Wenn wir uns zum Essen hinsetzen, erinnern wir uns der Mahlzeiten, die sie uns mit ihren eigenen Händen ausgeteilt hat. Wenn wir ein Bad in einem See oder einem Teich nehmen, erinnern wir uns, wie wir mit ihr geschwommen sind. Wenn wir tanzende Menschen sehen, steigt die Erinnerung in uns auf, wie Amma in selbstvergessener Glückseligkeit tanzt. Wenn wir physisch hart arbeiten, erinnern wir uns der Zeiten, da Amma uns zu denjenigen Arbeiten motivierte, die eigentlich niemand machen wollte – vom Saugen der

Halle nach einem Programm bis zum Tragen von Ziegelsteinen und Sand die ganze Nacht hindurch. Wenn wir ein Bonbon lutschen, erinnern wir uns an Ammas Umarmung.

Bald nachdem ich Amma zum ersten Mal getroffen hatte – ich arbeitete damals in einer Bank, die weit vom *aśram* entfernt lag – dachte ich jedes Mal an sie, wenn ich Nummernschilder von Fahrzeugen aus dem Distrikt Kollam sah; ich vergaß mich dann völlig. So viele einfache Dinge können uns an sie erinnern. Dies ist der Vorteil davon, einen lebenden Meister zu haben. Wenn wir einen Stein ins Wasser werfen, sinkt er sofort. Wenn wir aber den Stein zuerst auf eine hölzerne Planke legen und dann ins Wasser setzen, bleibt er auf der Oberfläche. Ebenso verhält es sich, wenn wir Zuflucht zu einem echten spirituellen Meister nehmen; wir können dann unsere weltlichen Verpflichtungen erfüllen, ohne in Täuschung, Anhaftung und das dazugehörende Leiden zu versinken.

Jetzt, da Amma den Hof Herrenberg besucht hat, werden die Devotees überall, wo sie hinschauen, wunderbare Perlen erblicken – nämlich die Erinnerungen an jene Augenblicke mit ihr. Ähnliche Perlen hat sie ihren Devotees überall in der Welt hinterlassen. Und obwohl sie zu den Bewohnern des deutschen Zentrums gesprochen hat, hätten ihre Worte eigentlich an ihre Kinder überall in der Welt gerichtet sein können: „Tue selbstlosen Dienst, indem Du an Amma denkst und erinnere Dich immer daran, dass Amma und Du nicht zwei sondern im innersten Wesen eins sind." Für Ammas Kinder ist dies sowohl der Pfad als auch das Ziel. Vom ersten Schritt an, den wir auf dieser Reise tun, beginnen wir einen uns unbekannten Frieden wahrzunehmen. Selbst der Wunsch, Befreiung zu erlangen, verschwindet, wenn wir uns wie Phoenix aus der Asche erheben: Aus unseren Anhaftungen, unserer Trauer, unserem Kummer und unserer Furcht schwingen wir uns in Liebe für unseren Meister empor.

Manchmal, wenn ich Amma weite Strecken durch Indien fahre, wünschte ich mir, ich würde nicht von einem bestimmten Ort zu einem anderen sondern durch die Unendlichkeit des Raumes fahren, ohne das Auto je anhalten und von Ammas Seite weichen zu müssen; ich würde ihr immer weiter dienen, ohne dass es jemals eine Unterbrechung gäbe. Wenn Amma uns bei der Hand nimmt und den spirituellen Pfad entlangführt, verhält es sich ähnlich: Viele von uns entdecken dann, dass sie nicht einmal wollen, dass die Reise je zu Ende geht.

Möge Ammas Segen mit uns allen sein.

❁

Glossar

advaita – wörtlich: „Nichtzweiheit". Kernthema der *Upanishads* ist die der Vielheit der Erscheinungen zugrunde liegende Einheit des Seins, die es zu verwirklichen gilt. In der *Māndūkya Upanishad*, Vers 7, heisst es über den *Ātman* (*Brahman*): „*Śāntam Śivam advaitam*" – „Das Friedvolle, Verheißungsvolle, Zweiheitslose."

agami karma – Die zukünftigen Ergebnisse der Handlungen, die wir in der Gegenwart ausführen.

Amrita Kutīram – Das Wohnungsbauprojekt des *Mātā Amritānandamayi Math*. Es stellt kostenfreie Wohnungen für mittellose Familien zur Verfügung. Bis jetzt sind in Indien schon über 30.000 Häuser gebaut und verteilt worden.

Amrita Vidyālayam – Grundschulen, die vom *Mātā Amritānandamayi Math* gegründet wurden; sie haben sich dem Ziel gewidmet, wertorientierte Bildung zu vermitteln. Zur Zeit gibt es 50 solcher Schulen in ganz Indien.

Amritapuri – Der internationale Hauptsitz des *Mātā Amritānandamayi Māth*, der sich in Ammas Geburtsort in Kerala befindet.

Amritavarsham 50 – Die Feier anlässlich Ammas 50. Geburtstags, die im September 2003 in kochin als eine internationale Gebets- u. Dialogveranstaltung abgehalten wurde. Das Motto war: „Die Welt umarmen für Frieden und Harmonie." An der viertägigen Feier nahmen internationale Veranstalter, Friedensaktivisten, Pädagogen, spirituelle Führungspersönlichkeiten, Umweltschützer, Indiens bekannteste Politiker und Kulturschaffende teil; mehr als 200 000 Zuschauer aus vielen Ländern der Welt besuchten die Veranstaltungen täglich.

ārati – wörtlich: „Aufhören". Traditionell wird es nach einer rituellen Verehrung ausgeführt und besteht darin, brennenden

Kampfer vor dem Anbetungsgegenstand hin und her zu bewegen. *Ārati* symbolisiert Hingabe – ebenso wie Kampfer, der bei dem Ritual verwendet wird, verbrennt, ohne Spuren zu hinterlassen, so löst sich auch das Ego im Prozess der Hingebung an Gott oder an den *guru* völlig auf.

arcana – Bezieht sich gewöhnlich auf das Rezitieren der 108 bzw. 1000 Namen einer bestimmten Gottheit (z. B. das *Lalitā-Sahasranāma*).

Arjuna – Ein berühmter Bogenschütze, einer der Helden des Epos *Mahābhārata*. Ihm offenbarte *Śrī Krishna* die *Bhagavad Gītā* auf dem Schlachtfeld von *Kurukshetra*.

āśrama – Die aufeinanderfolgenden Lebensabschnitte, welche ein Mensch im alten Indien durchlief. Normalerweise unterscheidet man vier: *brahmacāri* (zölibatär lebender Schüler bzw. Student), *grihastha* (Haushälter und Familienvater), *vanaprastha* (im Wald lebender älterer Adept) und *sannyāsin* (bejahrter Asket). Mönche jedoch gingen direkt und bereits in jungen Jahren von der Stufe des *brahmacāri* zur Stufe des *sannyāsin* über.

Ātman (m.) – wörtlich: „Der Selbige". Das Absolute als Essenz oder Für-Sich-Sein. Er ist Prinzip aller Personalität, ohne doch – vermöge Seiner Identität mit *Brahman* – selbst eine individuelle Person zu sein. Als Urwesen ist er Quell der seelischen Erscheinungen im Kosmos. (Siehe auch *Brahman* und *PāramĀtman*).

AUM (Om) – Das *pranava-mantra*; gemäß den vedischen Schriften ist dies der ursprüngliche Klang im Universum und der Keim der Schöpfung. Alle anderen Klänge entstehen aus *AUM* und lösen sich wieder in Es auf.

Om Amriteśvaryai namah - Ein *mantra*, das die Devotees chanten, um Amma zu ehren. Es bedeutet: „Wir verneigen uns vor der Herrscherin (*īśvarī*) der Unsterblichkeit", oder auch „Wir verneigen uns vor der nektargleichen Allmächtigen"

avadhūta – Ein Asket oder Heiliger, dessen Verhaltensweisen zuweilen soziale Normen überschreiten.

Bhagavad Gīta – wörtlich: „Gesang des Erhabenen". Die Belehrungen *Krishnas* an *Arjuna* zu Beginn des *Mahābhārata* – Krieges; obwohl diese Schrift im orthodoxen Sinne nicht als *śruti* (übermenschliche Offenbarung) sondern als *smriti* (menschliche Überlieferung) gilt, wird sie doch von vielen als Essenz der Weisheit der *Upanishads* betrachtet. Es handelt sich bei dem Buch auch um eine praktische Anleitung, wie man mit persönlichen oder gesellschaftlichen Krisensituationen umgeht.

bhajan – wörtlich: „Verehrung". Spiritueller Gesang.

bhava – wörtlich: Sein, Gegenwart, Stimmung, Zustand.

brahmacārin – ein enthaltsamer, in Ehelosigkeit lebender männlicher Adept, der sich unter Anleitung eines Meisters spirituellen Übungen hingibt. (Weibliche Entsprechung: *brahmacārinī*).

brahmacārya – wörtlich: „in *Brahman* wandelnd". Keuschheit, Ehelosigkeit; allgemein Sinneskontrolle.

Brahman (n.) – wörtlich: „Das Weite, das Große, das Sich Ausdehnende." Das Absolute als Existenz oder An-Sich-Sein. Es ist Prinzip aller Apersonalität (tat), ohne doch – vermöge seiner Identität mit dem *Ātman* – selbst als Sache, Zustand oder Objekt bezeichnet werden zu können. DAS ist weder nur An-sich-Sein noch nur Für-sich-Sein, sondern An-und-für-sich-Sein. *Ātman* und *Brahman* sind somit die beiden zusammengehörigen Begriffe für das Absolute, von welchen keiner für sich allein recht verstanden werden kann. Daher heißt es in der *Māndūkya-Upanishad*: „Dieser *Ātman* ist *Brahman*."

darśan – 1. Das Zusammentreffen mit einer heiligen Persönlichkeit oder eine Vision, die einem Menschen vom Göttlichen gewährt wird. 2. Die Bezeichnung für die sechs klassischen indischen metaphysischen Systeme, die den *veda* als autoritative Quelle anerkennen.

Devī – wörtlich: „die Strahlende, die Göttin". Zunächst handelt es sich einfach um die feminine Form von „*deva*"; als solche ist sie der Beiname vieler weiblicher Gottheiten (z.b. *Sarasvatī Devī* etc.). Doch kommt bei diesem Wort die monotheistische Tendenz stärker zum Tragen als beim analogen Maskulinum: „*Devī*" ist schon im *Rigveda (Devī-Sūktam)*, vor allem aber in der śivaitischen und śaktististischen Tradition, nicht bloße Gattungsbezeichnung für viele verschiedene Göttinnen, sondern der Name für d i e Strahlende (= Offenbarende) schlechthin. Sie wird auch *jagadīśvarī* genannt, die Herrscherin des Universums und Manifestationsmacht *Brahman*s.

Devī-Bhava – wörtlich: „Die Stimmung der Strahlenden". Der Zustand, in welchem Amma teilweise ihre Identität mit *Devī*, der Göttlichen Mutter, enthüllt.

dharma (m.) – wörtlich: „das, was aufrechterhält" oder „das einer Sache Zukommende". – Gewöhnlich wird darunter die Harmonie im kosmos verstanden. Weitere Bedeutungen sind: „Rechtschaffenheit, Pflicht, Verantwortung", aber auch „Eigenschaft, Einzelseele oder Religion". Neben Wunschbefriedigung, Wohlstand und Befreiung gilt *dharma* im Sinne ethischen Handelns auch als eines der vier Lebensziele.

Duryodhana – der älteste der 100 Kaurava-Brüder. Infolge einer betrügerischen Manipulation beim Würfelspiel riss er den Thron an sich, der vorher von *Yudhishthira*, dem ältesten Spross der *Pāndavas*, besetzt war. Durch seinen Hass auf die *Pāndavas* und seiner berüchtigten Weigerung, ihnen auch nur einen Grashalm zuzugestehen, machte er den *Mahābhārata*-Krieg unvermeidlich.

gopi – Milchmädchen; die *gopi*s lebten während *Krishna*s Kindheit im selben Ort wie er, und zwar in *Vrindāvan*. Sie waren seine glühenden Devotees und manifestierten auf Erden die größtmögliche Intensität der Liebe für das Göttliche.

Gīta-Dhyānam – wörtlich: „Meditation über die Gīta". Traditionell wird sie rezitiert, bevor man mit dem Studium der *Bhagavad Gīta* beginnt. Es handelt sich bei ihr um einen in Versform gehaltenen Lobpreis der Glorie der Gīta.

gurukula (n.) wörtlich: „Familie des *guru*". – Traditionelle indische Schulform, in welcher die Kinder bei einem *guru* lebten, der sie in vedischem und akademischem Wissen unterrichtete, während er ihnen gleichzeitig spirituelle Werte vermittelte.

japa – Mantra-Rezitation.

jīva, jīvātman (m.) – wörtlich: „Das Lebendige, das Lebewesen". Die Einzelseele, die sich aufgrund der kosmischen Unwissenheit mit der Körperwelt anstatt mit ihrem wahren Ich, dem *Ātman* identifiziert; in der Schule *Śankarass* werden die vielen *jīva*s als phänomenale Spiegelungen *(pratibimba)* des einzigen *Ātman* innerhalb der māyā betrachtet. Wird hingegen die trinitarische Beziehung von Kosmos, Einzelseelen und Gott akzeptiert – und auch der kompromissloseste Nichtdualismus muss sie auf einer bestimmten Ebene gelten lassen – spricht man von der Individualseele als *jīvĀtman*. Bei letzterem Begriff wird die Seele mehr in ihrer Beziehung zu Gott statt zur Sinnenwelt gesehen.

jñāna – örtlich: „Kenntnis". Im *vedānta* die befreiende Erkenntnis des Absoluten.

karma – wörtlich: „Tat". 1. Die Handlungen eines bewussten Wesens. 2. die Kette der Nachwirkungen, die wir durch unsere Handlungen produzieren. 3. Im alten Indien wurden darunter auch vedische Riten verstanden, durch die der Mensch Einfluss nimmt auf andere Daseinsebenen.

Kauravas – Die Hundert Kinder König *Dhritarāshtras* und Königin *Gandhārīs*, von welchen der ungerechte *Duryodhana* der älteste war. Die *Kauravas* waren die Feinde ihrer Vettern, der *Pāndavas*, gegen welche sie im *Mahābhārata*-Krieg kämpften.

Krishna – Die achte Inkarnation *Vishnus* gilt als pūrna-avatār oder als der vollkommene avatār. Er wurde zwar in eine königlichen Familie hineingeboren, wuchs jedoch bei Pflegeeltern auf und lebte als junger Kuhhirt in *Vrindāvan*, wo er von seinen Freunden, den ihm ergebenen gopas und *gopi*s, verehrt und geliebt wurde. Später errichtete er die Stadt *Dvāraka*. Er war Freund und Berater seiner Vettern, der Pāndavas, besonders von Arjuna, dem er im *Mahābhārata*-Krieg als Wagenlenker diente und die Lehren der *Bhagavad Gīta* offenbarte.

Lalitā Sahasranāma – wörtlich: „Die tausend Namen der Anmutigen". Die tausend Namen *Devīs*, der Göttlichen Mutter; sie werden täglich in allen *āśrams* und Zentren Ammas rezitiert.

līlā – wörtlich: „Spiel". Der kosmos als Spiel des Göttlichen Wesens.

Mahābhārata – Eines der beiden großen Epen des antiken Indien (das andere ist das *Rāmāyana*). Es ist auch eine große Abhandlung über den *dharma*. Die Geschichte behandelt hauptsächlich den konflikt zwischen den rechtschaffenen *Pāndavas* und den ungerechten *Kauravas*. Es besteht aus ca. 100000 Versen.

mahātma (m.) – wörtlich: „Großes Selbst"; Große Seele"; obwohl der Ausdruck heutzutage in einem weiten Sinne verwendet wird, bezieht sich *mahātma* in diesem Buch auf jemanden, der um seine Identität mit dem universellen Selbst weiß.

Mātā Amritānandamayi Devī – Ammas offizieller Name; er bedeutet „VomSeligkeits-Nektar erfüllte göttliche Mutter" oder auch „Von unsterblicher Wonne erfüllte göttliche Mutter". Oftmals wird diesem Namen noch das Wort *Śrī* (glücksverheißend) vorangestellt.

mukti – Befreiung aus dem Kreislauf von Geburt und Tod. Sie wird erlangt, wenn die Individualseele ihre Identität mit dem *ParamĀtman* erkennt.

pāda pūja – Rituelle Waschung der Füße oder Sandalen des *guru* als Ausdruck der Liebe und Achtung. Gewöhnlich unter Verwendung von Wasser, Yoghurt, Ghee, Honig und Rosenwasser.

Pandavas – Die fünf Söhne des Königs Pāndu; die Helden des Epos *Mahābhārata*.

pāpa – wörtlich: Sünde oder Schuld, die von ungerechtem Handeln herrührt. Das angehäufte *pāpa* ist die karmische Ursache für den Kummer, den ein menschliches Individuum zu durchleiden hat.

Pāramātman – wörtlich: „Der zuhöchst Selbige". Streng genommen ist das Attribut „*Pārama*" in Bezug auf den *Ātman* überflüssig und irreführend, denn die essentiellen Mantren der *Upanishads* begreifen Ihn schon als das Höchste, ja mehr noch, als den Einen ohne ein Zweites. Doch darf nicht vergessen werden, dass das Wort zu allen Zeiten im Alltagsgebrauch einfach nur „Seele" oder „inneres Wesen" bedeutete. Um das Absolute von der anthropologischen Sphäre abzugrenzen, schien es daher nötig, dem Begriff besagtes Adjektiv voranzustellen (siehe vor allem die *Bhagavad Gīta*). Doch dies wiederum begünstigte dualistische Theorien, die den *ParamĀtman* als höchstes Individuum im Sinne des Monotheismus, somit als ein einzelnes Selbst betrachteten, das sich von den niederen Selbsten (*jīvas*) unterscheidet. Solchen Ansichten, gegen welche in der Folgezeit vor allem der *Buddhi*smus polemisierte, kann nur dadurch entgegengetreten werden, dass man das Präfix „*Pārama*" nicht auf das Substantiv „*Ātman*" sondern auf das Verständnis von ihm bezieht. Es ist eine Aufforderung an den Meditierenden, den *Ātman* im höchsten, d.h. eigentlichen Sinne zu begreifen.

prārabdha karma – Das in früheren Existenzen geschaffene *karma*, welches bestimmt ist, sich in diesem Leben auszuwirken.

prasād – Gesegnete Gabe von einer heiligen Person oder auch von einem Tempel, oftmals in der Form von Nahrung.

pūja – rituelle oder zeremonielle Verehrung.

punya – karmisches Verdienst, das von rechtschaffenem Handeln herstammt. Das angehäufte *punya* ist die Ursache für das Glück, das ein Mensch in seinem Leben erfährt. (Das Gegenteil von *punya* ist *pāpa*.)

Rāma – wörtl.: „Der Entzückende". Ein Name des Herrn; als historisch-menschliche Persönlichkeit gilt er als ein *avatār Vishnus*; er ist der Held von *Vālmīkis* Epos *Rāmāyana*; man betrachtet ihn als ideale Verkörperung von *dharma* und ethischer Vollkommenheit.

Ravana – Ein mächtiger Dämon; *Vishnu* inkarnierte sich in Gestalt von *Rāma*, um *Ravana* zu töten und auf diese Weise die Harmonie auf Erden wiederherzustellen.

rishi – Seher oder Weise, welche in tiefer Meditation vedische Mantren wahrnehmen und wiedergeben.

sadhana (n.) – Sprituelle Übung.

Sadhana Pañcakam – wörtlich: "Fünf Strophen über spirituelle Praxis." Während der letzten Tage seines kurzen Lebens wurde *Ādi Śankarācārya* von seinen Schülern gebeten, eine kurze Darstellung der essentiellen Prinzipien der Schriften des *sanātana dharma* zu geben. Daraufhin flossen ganz spontan besagte Verse von den Lippen des Meisters. Der Text besteht aus fünf Strophen zu je vier Zeilen, wobei jede Zeile wiederum zwei Anweisungen oder Ratschläge enthält. So ist das Ganze einer Leiter mit 40 Sprossen vergleichbar, die zum Königreich Gottes hinaufführt.

samādhi – Versenkung. In System des achtfältigen *yoga* ist *samādhi* das Sich-Loslösen des individuellen *purusha* von der Materie

228

(prakriti), um endlich in einen befreiten Zustand des Allein-
seins *(kevala)* einzugehen. Im *vedānta* wird *samādhi* konkret
als Aufgehen im Absoluten *(brahma-nirvāna)* aufgefasst, außer
welchem nichts existiert.

samsāra – Der Kreislauf von Geburt und Tod.

sanātana dharma – „Die ewige Essenz, das ewige Gesetz". Die
moderne, auf westlichen Ursprung zurückgehende Bezeichnung für diese Religion ist „Hinduismus".

sañcita karma – Die Gesamtsumme alles in der Vergangenheit
erzeugten *karmas*.

sannyasin – Entsagung. Ein Mönch, der das Gelübde der Entsagung abgelegt hat, wird ein *sannyāsin (Swami)* genannt. Im
alten Indien war sannyāsa die vierte Alters -und Lebensstufe,
die den Menschen dazubefähigen sollte, noch vor dem Tod
die endgültige Befreiung *(moksha)* und damit das höchste
Lebensziel zu erreichen. Ein *sannyāsin* trägt ein ockerfarbenes
Gewand, wodurch das Verbrennen aller Wünsche symbolisiert
werden soll. Die weibliche Form des Substantives ist *sannyāsinī*.

Saundarya Laharī – wörtlich: „Die Wellen der Schönheit"; ein
Śankarācārya zugeschriebener mystisch-poetischer tantrischer
Text.

sadguru – wörtlich: „Der Lehrer, der zum Sein führt". Alle *sadgurus* sind *mahātmas*, doch nicht alle *mahātmas* sind auch
sadgurus. Letzterer ist jemand, der die Glückseligkeit des
Ātman erfährt, sich jedoch dazu entschließt, auf die Ebene
gewöhnlicher Menschen herabzukommen und sie zu befähi-
gen, spirituell zu wachsen.

satsang (m.) – wörtlich: „In Verbindung zum Sein *(sat)* treten".
Man kann darunter das Zusammensein mit einem Meister,
das Hören eines spirituellen Vortrags oder auch die Teilnahme
an gruppenmäßiger spiritueller Praxis verstehen.

seva (f.) – Selbstloser Dienst, dessen Resultate Gott geweiht werden.

Śankarācārya – Er gilt als einer der größten indischen Denker und wird von manchen als eine Teilinkarnation *Śivas* betrachtet. Sein System des *kevala-advaita* oder der absoluten Nicht-Zweiheit ist die radikalste metaphysische Deutung der upanischadischen Mystik. *Śankaras* bringt die vedantische Tradition auf die knappe Formel: *Brahma satyam, jagan mithyā, jīvo brahmaiva na apārah.* „Das Absolute ist die Wahrheit – die Welt eine Täuschung – die Einzelseele ist vom Absoluten nicht verschieden."

Śiva – wörtl.: „Der Gütige", der Gnädige, der Verheißungsvolle". *Śiva* ist eine Benennung und eine Form des Absoluten, als welche Es sich dem Verehrer zu offenbaren vermag. Nicht nur im Śivaismus wird sein Name synonym mit *Brahman* oder *Pāramātma* verwendet, auch im *veda* und einigen *Upanishads* wird er mit der höchsten Realität identifiziert. In späteren auf die purānas zurückgehenden Traditionen wird er als diejenige Gottheit betrachtet, die für die Auflösung des Kosmos verantwortlich ist.

Sītā – *Rāmas* heilige Gefährtin. In Indien gilt sie als Ideal weiblicher Tugend.

Śrimad Bhagavatam – Ein vischnuitisches Purāna, welches den Hingabe-Pfad *(bhakti-marga)* als höchsten aller Wege zu Gott anpreist und die Geschichten der verschiedenen Inkarnationen *Vishnus* erzählt. Im Mittelpunkt des Textes steht die Person *Śrī Krishnas*, die mit Gott selbst identifiziert wird. Das Werk wird dem Weisen Vyāsa zugeschrieben, der auch das *Mahābhārata* verfasste.

tapas – wörtlich: „Hitze, Askese, Buße."

Upanishad – Der dritte abschließende Erkenntnis-Teil der Veden, welcher das letzte der vier Lebensziele *(purushārthas)*, nämlich die Befreiung von Geburt und Tod, zum Thema hat. Deshalb werden die Upanischaden auch als *veda-anta*, als „Ende der Veden" bezeichnet.

vairāgya – Nicht-Anhaftung. Gemeint ist die Loslösung von aller vergänglichen Scheinexistenz, mit anderen Worten, von der sichtbaren Welt.

vāsanā – Latente Neigung oder subtiles Verlangen im Gemüt, das sich in Handlungsweisen und Gewohnheiten niederschlägt.

vedānta – wörtlich: „Wissens-Ende, *Veda*-Schluss". In erster Linie bezieht sich dieser Begriff auf die Upanischaden, die die Erkenntnis und Vereinigung mit *Brahman* zum Gegenstand haben; doch wird auch die *Bhagavad Gīta*, die streng genommen keine höchste autoritative Quelle ist, als zum vedantischen Kanon gehörig aufgefasst. *Vedānta* ist ebenfalls die Bezeichnung für eines der sechs hinduistischen metaphysischen Systeme *(darśana)*, die auf je verschiedene Weise eine Exegese des *veda* vornehmen. Als Basistext dieses Systems gelten die *Brahmasūtras* von *Bādarāyana (Vyāsa)*.

veda – wörtlich: „Wissen". Älteste indische heilige Schrift; die Quelle ihrer Offenbarung gilt als zeitfrei, als *apaurusheya* (ohne Autor), da es sich bei diesem WISSEN um die Selbstauslegung des Absoluten handelt. Insgesamt gibt es vier Veden.

viveka – Urteilskraft, Unterscheidungsvermögen; in *veda*ntischem Zusammenhang handelt es sich um die Unterscheidung zwischen dem Ewigen (nityam) und dem Vergänglichen *(anityam)*.

Viveka Cūdāmani – „Das Stirnjuwel der Urteilskraft". Ein in Versen abgefasstes, *Śankaras* zugeschriebenes Werk aus der Tradition des *advaita vedānta*.

yajña – Opfer; der Begriff ist weit gefasst und kann sowohl ein vedisches Ritual, eine Darbringung an die eigene Lieblingsgottheit wie auch eine selbstlose Handlung meinen.

yoga – wörtlich: „Vereinigen". Im weitesten Sinne jede Art von Übung, die zur Erleuchtung führt. Im engeren Sinne ist darunter das System *(darśana)* des *Patañjali* gemeint, wie es in seinem *yoga-sūtra* festgehalten ist.

Yoga Vāsishtha – Ein Text, in welchem die Metaphysik des *vedānta* in Form von Erzählungen dargestellt wird. Traditionell wird dieses Werk dem Dichter *Vālmīki* zugeschrieben, der auch das *Rāmāyana* verfasst hat.